トップリーダーに学ぶ
人を惹きつける

# 「自分の見せ方」

佐藤綾子

Discover
ディスカヴァー

# まえがき 「幸福と成功への道は『伝える力』」

「意思伝達におけるノンバーバルの重要性を理解している人は、社会において成功するであろう。人の上に立つ人は言うに及ばず、演技を必要とする職業、説得を必要とする職業においてはとくに大切である」（マレービアン）

ここ数年でリンダ・グラットンの「人生100年時代」の示唆通り、日本人の人生に対する考え方は大いに変わりました。65歳まで働き、あとは「余生」だという定型パターンに甘んじていると、仕事も夢もなくなる。楽しい人生は危うい。そんなことに真っ先に気付いたのは若い世代の人々です。年金も会社の存続も永久保証ではありません。そのような激変時代に頼れるのは何か？　家を建て、車を何台持ち、貯金をいくら持っているという「有形資産」ではなく、自分の才能とか、体力、ファイティングスピリット、話す能力などの「無形資産」である「自分資産」の大切さです。

ところが、今日本の若者の「自己肯定感」を調査すると、先進7か国中最下位です。どうも、自分の価値に自信が持てないようです。周りの人とうまくやり仲間外れにならないように気を遣います。それはコミュニケーション力の一部として必要です。しかし、相手と意見が違うときにどうするか？「自分の意見を言い、上手に主張を通し、周りをリードする力」を身に付けることが大切です。

ちょうど、産経ニュースで世界のトップリーダーのパフォーマンス分析を連載しました。詳細に分析して驚きました。イチロー選手のようなスポーツ界代表、挑戦的で扇情的でもあるトランプ大統領、スピーチの名手、小泉進次郎議員、ビジネス界のスピーチ名人、孫正義社長や髙田明社長。人を惹きつけるリーダーたちは、言葉も表情やしぐさなどの言葉以外の非言語表現も抜群だったのです。

彼らを「しぐさ、表情、言葉」の3分野から俯瞰し通観してみましょう。読者のあなたの「自分資産」となって心を支える力がきっと手に入るはずです。

２０１９年7月　佐藤綾子

## 第2章　感情と心理をうまく伝える人を惹きつける「表情」

## 第3章　ビジョンと意志で共感を生む　人を惹きつける「言葉」

# 第1章
# 態度と雰囲気で場をつかむ人を惹きつける

# ドナルド・トランプ

## アメリカ合衆国大統領

**強烈な言動とキャラクターを支えるしぐさの戦略**

©ZUMA Press／amanaimages

# ヒトラーも使った「間」と「視線」の効果

２０１７年1月20日、アメリカのトランプ大統領はついに公式演説台に立ち、リンカーン大統領から代々受け継がれた黒い聖書と、トランプ家に代々伝わる赤い聖書を２冊重ねて手に持ち、その下を夫人が水色の手袋のまましっかり支え、トランプ氏がしっかりと上に手を置いて国民に大統領宣言をしました。

この瞬間を実際に見られるとは、アメリカ人も半信半疑でした。しかし私は大統領選でＡ新聞の取材に応じて、「おそらくトランプ氏が勝つでしょう。その理由はトランプ氏の演説がとてもうまいからです」と答えました。そのときに取材されたのは私を含めて４人。４分の１の確率で私だけが「トランプ氏は演説がうまいゆえに勝つ」と予言したのでした。

なぜうまいのか。トランプ氏はまず、他の人の前に登場した瞬間の顔の表情と姿勢が抜群にいいのです。実はこれはヒトラーの映像を詳細に分析すれば分かることですが、この2人の演説には共通点があります。それは**登壇してすぐにしゃべり出さない**こと。壇上で会場にまんべんなく視線を送り、手を上げて言葉を発せずに口元の両サイド、口角を2ミリほど上げて何となく満足しているという顔をして見回します。そして、期待に応えてしゃべり始めるのです。この顔の表情は相手との距離が15メートルあれば見えます。でも、満足そうにうんうんと頭を上下に振る動作は30メートル先からでも見えます。これはヒトラーも実践した効果的な登壇の仕方です。

この様子を見た人は「自信満々の人が来た」と思わされるのです。これは「グリンプス・バイト（一瞥でのかみつき）」というパフォーマンス学の大きな特徴で、私が自分のセミナーでたくさんのビジネスマンに教えているスピーチの最初のポイントです。登壇した瞬間に勝負あり。堂々としている、元気だ、熱心だ、というメッセージを姿勢と表情と首の振りでまず送っておく必要があります。

# 112回のOKサイン

話し出したら、**自分流のジェスチャーを繰り出していきます**。もっとも有名になったのは、トランプ氏のあの就任演説。16分30秒しかないのに、その中で112回、人さし指と親指を結んで輪をつくるOKサインを出したことです。OKサインはそのままではいられないので、手を開いてパーにするか、人さし指を立てるかのどちらかです。いずれにしてもOKサインを112回、つまり1分間で10回近くは出しているということですから、大変な頻度です。

では、これをどんなときに出すか。簡単です。自分が強調したい言葉、例えば犯罪や麻薬を減らすという場合には、「crime」で1回OKサイン、「drug」で1回OKサイン、というように特徴的なワードでOKサインです。そのうちに何も良い単語が出ていないのにOKサインをするときもありますが、これは、まさに彼が気分良く、絶好調だというサインであり、ほとんどオートマトン（自動操縦）

的にこのサインを出しているのです。

どんな風にサインを出そうかと気にする風でもなく、まるで右足の次に左足が出るかのように自然にOKサインを展開しています。これは見ている方としては、たまったものではありません。この目立った動作を何度も何度も出すので、その度に彼の顔に目をこらし、話に耳を惹きつけられる結果になってしまうのです。

## 教典を引用して信頼感を持たせる

トランプ氏は話だけがうまくて謙虚さが足りないという反感を多くの人が持っていることをよく知っています。そこで彼が何をしたか。アメリカ人がもっとも信頼する聖書を持ってきたのです。聖書の言葉が出ると、「ああ、あれは新約聖書のルカにあった」「イザヤ書にあった」と考えるアメリカ人は多くいます。そこで、「The Bible says（聖書は言っている）」と始め、「神の臣下は仲良く共存する。それがいかに素晴らしく、心地良いかと説いています」と話すのです。

こんな風に話されると、バイブルにはかなわないので、トランプさんは威勢の良いビジネスライクなことしか言っていないようだけれども、ちゃんとした信仰心や道徳心、きちんとした信念があるのだとつい納得してしまいます。これは実は、昔からオバマ元大統領もよく使った手法ですが、オバマ元大統領よりも3分弱も演説時間が短かったトランプさんの方が聖書を語った時間が長かったのです。

つまり、仏教経典や日本の古典、歴史、ことわざなど、**誰が聞いても、「ふむ」とうなるような言葉を持ってくれれば重しが付く**というわけです。

**実践ポイント**

- 大勢の聴衆に語るときは登壇してもすぐに話し出すな
- OKサインのような目立つジェスチャーを繰り返せ
- 聖書など権威ある教典から引用せよ

# 金足農ナイン

## 甲子園準優勝校メンバー

## おとなしい県民性を戦うチームへ変貌させるには

# アンチパフォーマンス型から表現者になる

2018年の夏は、秋田県代表のナインに日本中が注目しました。第100回となる全国高等学校野球選手権大会（夏の甲子園）で、金足農業が秋田県勢として103年ぶりに決勝に進出したのです。

秋田県の人たちは本当に辛抱強い。10年以上前、男鹿半島で開かれた商工会議所主催の講演会に呼ばれ、なまはげの実演を見て「なるほど」と実感したことがあります。能面のような他のマスクに比べて圧倒的に重いなまはげの面。ひげには馬の毛が使われ、面も厚みもただごとではありません。実際に顔に着けてみましたが、私は一歩も動けませんでした。そんな重い物をつけ、家を1軒ずつ回って子供たちの頭に噛み付く振りをしたりします。その文化1つをとってみても、忍耐力の強さがうかがえます。

また、秋田弁は決して長々とは語りません。「ご飯をどうぞ」というのを「け」。「いただきます」を「く」と言います。「どさ」「ゆさ」も有名です。「どこへ行くんですか」「おふろですよ」のことです。寒冷な気候の地方では、話す言葉を最小限に抑えていることがわかります。つまり言葉やしぐさなどパフォーマンス的な要素が少ない、アンチパフォーマンス型の生活文化なのです。

こうした中で、選手たちの冬の練習ぶりには猛烈なものがあります。秋田球児の冬の練習をビデオで見てびっくり仰天。雪の中でもかまわずお互いをおんぶして走り込んでいました。身体にかかる負担は雪の分だけ重くなります。要するに秋田の人は我慢強く無口なのです。「さあ、勝ちに行くぞ!」と大声で叫ぶような文化性とは違うのです。

ところが、金足農のアルプススタンドの応援は何ということでしょう。ほぼ身体を弓なりにのけぞらせて応援歌を歌っています。エースの吉田輝星君にしても試合後、顔を真っ赤にして全力で校歌を歌っています。あんなエネルギーが残っていたのかと驚きます。全員一致の動きは花びらが開くようにパワフルで美しい。アンチパフォーマンス型の伝統から表現する集団へ変化している。それが大きな驚きでした。

## 勝つためには相手より意識を上に

誰だってそうですが、何度やっても1、2回戦で負ければ、「どうせまた出てもダメだろう」と思うのが人間です。その意識を変えるため、秋田の人たちは猛烈な勢いでプロジェクトに立ち向かったそうです。社会人野球の名門、日本新薬の前田正治元監督が解説してくれました。

「おとなしい県民性なので」という弱気な指導者らを説き伏せ、「勝つためには相手より意識を上に持っていかないとダメだ」と呼びかけ、各校が持っていた甲子園出場校の細かいデータやマニュアルを整理して一本化し、「甲子園に行けるんだ」と強く呼びかけました。この意識改革が指導者と選手を変えたのです。

もともと吉田投手は高校生離れした速球の持ち主ですが、そんな優れた投手の育成だけでなく、市民の意識改革もやってしまったのです。その表れがパブリックビューイング会場に訪れた人の多さです。会場には1500人もの市民が集まり、優勝を逃した瞬間には号泣する姿がありました。意識改革は選手、監督から市民にまで行き届いたのです。

## スターの存在も重要

チームにスターがいなくても勝つことはできるでしょう。いわゆる全員野球です。でも、やっぱり今はヒーロー、ヒロインの時代。ぱっとテレビで見て、端正な顔つきの吉田投手のファンになった人は日本中にたくさんいるでしょう。

その効果は、夏の甲子園100回目にして入場者が100万人を初めて超えたという数字にも結びついているかもしれません。もちろん決勝戦の相手だった大阪桐蔭のファンもいたでしょうが、日本人はもともと判官びいき。あまり勝てない県から出たチームに大きな注目が集まります。

今までの例だと「ハンカチ王子」こと斎藤佑樹投手や「マー君」こと田中将大投手もそうですが、1人のスターが出たことでチーム全体が目立ってくる。これも大きな効果があったでしょう。

ともあれ、全国が「かなのう」に沸いた夏でした。史上初となる2度目の春夏連覇を果たした大阪桐蔭の方が知名度も高いし応援団などの数も多いでしょう。けれど、熱気の大きさでは圧倒的に秋田びいきが上回ったと言えそうです。

**実践ポイント**

- **「おとなしい」からと言って諦めない**
- **意識を変えるには当事者だけでなく市民まで**
- **なんだかんだ言ってもヒーローは重要**

©共同通信社／アマナイメージズ

# 安倍晋三

内閣総理大臣

**用意周到さとしぐさの変化で、国内外を率いるリーダーへ**

# 周到な準備で相手の心をつかむ

最近の安倍晋三首相をよく見て冷静に分析してみると、この10年間で何と偉大な変身を成し遂げたのだろうと思います。

トランプ米大統領来日時の首脳外交を思い浮かべてみましょう。北朝鮮に最大限の圧力をかけることを約束するとともにトランプ氏は対日貿易赤字の是正を要求するなど会談の内容自体はまだまだたくさんの課題を持っているものの、パッと視覚情報から入る安倍氏とトランプ氏の仲の良さ、結束の固さは目を見張るものがあります。

もっとも目立つところでは２０１７年11月、埼玉県川越市の霞ヶ関カンツリー倶楽部で行ったゴルフの様子を見てみましょう。

スタート前に２人で仲良くゴルフキャップにサインを入れました。そこにはすでに「DONALD & SHINZO MAKE ALLIANCE EVEN GREATER」と刺繍が施されていました。

「Make America great again（アメリカを再び偉大にする）」というトランプ大統領のキャッチフレーズあるいはビジョンをもじって、「両国の結束をさらに大きくする」という英語の一文をひねり出したと思われます。これがそもそもアイデアの勝利です。

そしてトランプ氏の申し出通り、プロゴルファーの松山英樹選手とともに好物のハンバーガーを食べてからスタートする心憎い演出です。このゴルフがいかに楽しかったかは当日の両者の動画や写真を見るとよく分かります。３人が同時にパーを取った場面もあり、トランプ氏と安倍氏は両方とも握り拳を突き出してタッチさせ、なんと仲が良いのだろうと世界中にアピールしました。

「Make alliance even greater」はもちろん、「日米同盟を強固に」という意味ですが、それがすでに刺繍されていたところに名前だけサインしたのですから、この演出がどれだけ用意周到に組まれていたかが分かります。

その証拠にゴルフが終わってからトランプ氏はツイッターに「とても素晴らしい時間だった」と書き込み、翌日のインタビューでも「We like each other（私たちは互いが大好きだ）」と述べています。ゴルフについては首相の方が突っ込んだ話ができたとのことですが、トランプ氏は「とても楽しかった。素晴らしいコースだった。大好きな仲間とプレーできた」と書いているのですから、たった9ホール、2時間あまりが両者両国にとっていかに好印象だったかがよく分かります。

難しい課題はいっぱいあるにせよ、ここまで大きくビジュアルで目立つ行動を安倍首相が取り、仲良くグリーンを歩き回るなど、こんな大きなアクションを11年前、連想した人がどれだけいたでしょうか。

## 腕、頭、視線の動きが印象を変える

さて、ゴルフ外交の華々しさを読者諸氏に理解してもらうために、２００６年の最初の首相就任時の所信表明演説を詳細に見てみましょう。この演説は33分47秒でした。ここで目立ったのは両方のアームが一切使えていないこと、原稿を机に起き、それに時折手を置きながら立ったままの演説、２０２７秒間。ちょっとこの後の第２次安倍内閣、オリンピック招致プレゼンと比べるために、プレゼン時間の２２４秒に区切って、第１次安倍内閣の演説を科学的に分析してみましょう。

まず２２４秒のうち左右に16回ずつ均等にヘッドムーブメントが見えます。会場の左右に均等に目線を配っていたのでしょう。でも会場を見つめるアイコンタクトは62秒でした。涙ながらに退陣を表明した場面も思い出されます。

それから5年半が経ち、2013年第2次安倍内閣就任時の所信表明演説はがらっと変わりました。**アームムーブメントはかたや0回、2回目は6回、見つめている秒数も62秒から99・5秒に大幅に増えました。**さらに増えたのはオリンピック招致プレゼンです。ヘッドは左右均等に22回ずつ。アームについてはなんと76回もよく動いたのです。

今も日本中の記憶に新しいのは、全ての危険が自分のコントロール下にあるという、「アンダーコントロール」というセリフを口にしたときの、両手の平を下に押したようなあの動作です。練習した動作ですが本当にうまく使われました。

アイコンタクト時間は207・5秒。第1次安倍内閣就任演説の3倍以上になるのです。練習すれば変わるのだということを第1次政権、第2次政権、オリンピック招致プレゼンと安倍首相自ら多くの国民に見せたのです。

# 相手の好みも動きもマネして、好意を表す

それからさらに4年、２０１７年11月のゴルフ場になります。前回、首相がアメリカを訪問したときのラウンドは27ホール。これはトランプ氏の別荘でしたが、今回は一般のコースです。けれど、この用意周到さが類い稀だと思われます。いつもであればゴルフ場のラウンジでハンバーガーをぱくつく安倍氏は考えられないところですが、トランプ氏の好物となればハンバーガーだって何のその、歩くときは2人とも大股でグリーンを歩き回るのが撮影されています。

トランプ氏は普段、カートを使うことが多いのですが側近が驚くくらいこの日はカートを使わず足で歩き回りました。安倍氏も負けずと歩き回り、３人がパーを取ったのが何ホールか分かりませんが、ゴルフの成績も良かったのでしょう。この上機嫌のツイッターを見る限り本当にゴルフ外交は成功したのです。

この日の安倍氏は常に、にこやかな表情でズボンのすそが細く若々しくまとまっていく黒っぽいゴルフパンツでした。さっきサインした帽子をトランプ氏はかぶって回りましたし、こんなに仲良くていいのかしらというくらいです。

11月5、6日と滞在し7日には韓国へ向かいましたが、日本をアジア周遊の第一番にもってきたところでもトランプ氏の訪日への意気込みがうかがわれ、仲が良いのは本当なのだということを世界に見せつけました。実際の政治手腕はこれからだとしても、これだけ外交場面で華々しく日本の首相が動けるということは、私たち日本人は大きく拍手喝采していいところでしょう。

**実践ポイント**

- **友好関係をアピールするには用意周到さが大事**
- **大きな腕の動きと会場を見渡す動作が演説を成功させる**
- **相手をマネして好意を表す**

©共同通信社

# 三浦雄一郎

冒険家

## 人生100年時代に道を示し続ける〝高齢の星〟

# 初志貫徹の姿勢

プロスキーヤーで冒険家の三浦雄一郎さんが2019年1月、南米最高峰のアコンカグア（6961メートル）に挑戦すると発表して話題になりました。できるだろうかと心配する声もありましたが、私は絶対にできると信じていました。

三浦さんとのお付き合いはもう40年になります。最初に私が書いた本を三浦さんが褒めてくださり、それを当時アメリカにいた恵美里さんに郵送してくださったのが最初の出会いです。

その後私が、立ち上げた国際パフォーマンス学会で、会長を務めていただいていたアシックス創業者の故・鬼塚喜八郎さんに次の会長を相談したところ、「当然、三浦さんしかいない」という話になりました。そこから現在にいたるまで約10年、三浦さんには会長を務めていただいています。

自分の初志を貫徹する姿勢は何年経っても変わっていません。たくさんの特徴がありますが、三浦さんのリーダーシップの特徴を3つにしぼると以下の通りです。

## 年齢は限界ではない

1つ目は夢を諦めないことです。どこかに登るといえば、年齢を考えて周りも家族も反対します。それは6年前の挑戦のときもそうでした。80歳という世界最高齢でエベレスト登頂に成功したのです。そのとき三浦さんは「まだ登る」と言っていたので、みんな「まさか」と思いました。そこで言っていた次の目標が南米最高峰になるのです。

以前は次男、豪太さんも同行しましたが、やはり父が心配だったそうです。今回も同じように豪太さんがついていきました。「親子鷹」の歩みがどこまでも続きます。この夢を諦めない態度は、40や50でちょっとしたことで音を上げるようなビジネスマンに爪のあかを煎じて飲んでほしいほどです。

第2に周りを巻き込む力です。**何かをやると決めたらとことんやるということを周りに説明し、その夢の強さを理解してもらいます。**そうでなければ高額の費用がかかるエベレストやアコンカグアへの登頂が成功するわけがありません。想像を絶するお金が必要です。でも企業も個人も喜んでお金を出します。単に宣伝のためというわけではありません。先生の夢に同調し、語り出したら一生懸命語る姿に全員がもう脱帽だと思うわけです。

## 24キロの重り

3つ目は日々のストイックな努力です。2年前、東京・信濃町で私どもの社団法人の会議を開いたことがあります。大きな会社の経営者はお抱え運転手の車で来ますし、そうでない人も何らかの方法で手荷物を少なくしてくるのが通常です。しかし、三浦さんは大きなリュックを背負い、両足にアンクルウエイトを2キロも付けて登場したのです。リュックは20キロ。合計24キロです。

私も三浦さんから「これは効くよ」と言われ、たった500グラムですが、アンクルウエイトを買いました。500グラムだけでも自宅の階段を上るのにつまずいてしまい、ついに外してしまいました。三浦さんは「慣れれば500くらい何ともない」と言いますが、私のような人間が平均的だと思います。

86歳でも20キロを背負い、重りをつけてこつこつと歩く。繁華街でもかまわず、その格好で歩く。ここまでストイックに徹することができる人は天才か、あるいは希有(けう)なる人類としか思えません。大きな夢の成功を支えるのはやはり地道で大きな努力なのです。

**実践ポイント**

- いくつになっても夢を諦めない
- 夢を実現させるのは周りを巻き込む力だと知れ
- 大きな成功を支えるのは地道で大きな努力

©共同通信社

# 枝野幸男

立憲民主党代表

## 守りの「枝る」時代から、攻めの大将キャラへの大変貌

# ゆっくり、慎重に守りを貫いた「枝る」という姿勢

枝野幸男氏の顔と話し方を全国津々浦々まで知れ渡らせたのは、皮肉なことに2011年3月11日の東日本大震災による福島第1原発事故でした。現場作業員たちに余分な時間を取らせただけの逆効果しかなかったのに当時の菅直人首相が乗り込んで散々批判を浴び、一手に記者会見を引き受けたのが内閣官房長官だった枝野氏でした。

さすが弁護士、攻められても一切落ち度が見つからないようにと会見では用心に用心を重ねての発言となりました。従って、話すスピードは猛烈に遅く、まるでカタツムリのようでした。震災後、防災服のまま不眠不休で会見場に立ち続け

た枝野氏に世間が付けたのが「枝る」という言葉で、当時の流行語にもなりました。

しかも、何を言っているか意味不明。例えば「そういう危険性がないといえないことはないと考えられるかもしれない」といった調子です。ミスがないように安全第一で、あまりてきぱきとした言い方をせず**1分間のワード数を150前後に落とし、言語明瞭、意味不明の守りの答弁**だったのです。

一般的に弁護士は依頼人から頼まれて訴訟する場合、訴訟を起こす側になれば攻撃、起こされる側であれば守備ですが、このときは守備一本やりの枝野氏が目立ったのでした。

## SNSの人気とともに熱量が増した枝野氏

ところが、民主党から移籍後の2017年、他の民進党議員たちが〝踏み絵〟

を踏まされる形で自分の理念や政策を曲げ、希望の党に流れ込んだ中で、やはり自分たちの趣旨を守ろうと枝野氏は立憲民主党を立ち上げました。

2017年10月27日付日経新聞の記事を見ると、立憲民主党結党以降、ツイッター上に表れた党名のツイート件数に変化が現れています。「希望の党」に言及したツイート数がだんだん下がり、人気が落ちていくにつれて、「立憲民主」に言及したツイート数が上がってきたのです。

いよいよ投開票前日には自民1位、立憲2位、共産3位、そして大騒ぎで始まった希望の党は4位のツイート数。これがほぼイコールの形で投票数になったわけですから、私たち市民が固唾をのんで結果を見守っていた10月22日（投開票日）の直前には勝負あったりの感がありました。

これに伴い、枝野氏のスピーチは「枝（えだ）っていた」当時と比べ、てきぱきと攻撃的に変わっていったのです。「寄り合い所帯に何ができるか」とか「主義主張を変えて他党に走るのはいかがなものか」とか、本来の頭の良い枝野氏のスピーチになりました。こうなると政治的知識が豊富で大きな福耳を持って、テレビ映りも何となく力強い感じが出てくるから不思議なものです。

## 今度はスピード枝野へ

野党第1党になれば、「枝っていた」ときのままではいられません。言語も明瞭、しゃべり方も早くスピードアップしてさっさと行動を起こさないと、野党第1党だからといって油断すれば世論の風向きはあっという間に変わるでしょう。その点で立憲民主が立ち上がってから数日後の党役員会での決定は、枝野氏はスピードアップのアクセルをちゃんと踏んでいました。

「週刊文春」で、立憲民主党から比例代表東海ブロックで出た青山雅幸氏のセクハラ問題が報道されるやいなや、青山氏を無期限の党員資格停止処分にし、国会で会派入りを認めない決断をしたのです。

原発事故直後の「枝る」時代から、論理的な大将(ボス)らしさを表現できた選挙直前、そして今後のスピード枝野へと、今後の安倍晋三首相の政治とともに私たちの国会での注目は小池百合子氏から枝野氏へ移っていきました。

**実践ポイント**

- **土壇場でも筋を通した人は通さなかった人より強い**
- **のらりくらりの守りの姿勢より攻めを貫いた方が強い**
- **踏むべき時にアクセルを踏むスピード決断はやはり強い**

©UPI／amanaimages

# 佐藤琢磨

レーシングドライバー

## 喜びは全身全霊で表現、感謝の気持ちは謙虚に

# 全身で表現する喜びとチームへの感謝

２０１７年5月28日、私を含む多くの日本人がテレビにくぎ付けになりました。元Ｆ１ドライバー、佐藤琢磨選手が優勝した「インディ５００（インディアナポリス５００マイル）」です。その名の通り、米インディアナ州で行われる、全てのカーレースの中で最も伝統が長く、最も有名なレースで、かつ最も過酷なレースとされています。選手は自己流でさまざまな会社の車を使うことが許されず、全て指定されています。その中でどんなタイヤにすればいいか、どれくらいの空気圧にするかなど微細な調整が行われます。

しかも、１人では勝てない。猛烈な勢いで走るドライバー本人には前しか見えず、後ろを見て誰が追いかけているか確認するゆとりが一切ないからです。

私自身、これまで何度もテレビでインディ５００を見てきましたが、今回ほど快感を覚えたことはありません。佐藤選手のすさまじい雄たけびがそれを表しています。彼はゴールした瞬間、「ワー、ワー」と何回もすさまじい雄たけびをあげました。それをたくさんのマイクが拾っていたので優勝の瞬間は彼の雄たけび以外に何も聞こえませんでした。

そして車から降りる瞬間、顔中の表情筋をくちゃくちゃに収縮させた最高の笑顔で、両手の人さし指を立てたり、親指を立てたりして、「1番」「1番」というジェスチャーをしました。祝福の牛乳をかぶっている間も笑顔は続きました。ミルクを飲みながら、そして自分の頭にかけながら、親指を立てています。

口から立て続けに出てきたのが全くネイティブと遜色ない流暢な英語です。「Look at these guys!（この人たちを見てくれ）」と誇らしげにチームへの感謝を述べました。

# 何度も使った「チームの勝利」の言葉

誰でも優勝したり良い業績を残したりすると「自分でやった」と言いたいのが常です。ゴルフでも「キャディーのおかげです」と真っ先に言う人はなかなかいません。インディの場合はそれどころか何十人という人で構成され、エンジンを見る人、タイヤを交換する人などがいます。実際、今回のレースでもタイヤが摩耗したので交換するためにロスタイムが発生しました。そのときもチームは脱兎のような勢いで飛び出し、分担してタイヤを替え、「それ」とばかりに車をコースに向けて押し出しました。一糸乱れぬ作業とはこのことを言うのでしょう。

その中でも佐藤選手は優勝後のインタビューで、アメリカの有名レーシングドライバー、A・J・フォイト氏に大きな感謝を述べています。A・J・フォイトといえば、車好きの人はどこかで聞いた名前だと思うでしょう。インディ500では最多勝利を収めています。気難しい性分といわれながらも佐藤選手とはなぜか気が合う先輩で、いろいろなことを教えてくれたのでしょう。

記者会見で佐藤選手は、18、19歳でカーレーサーになってから鈴鹿サーキットに出たりした今までの道を振り返りながら、A・Jのチームで走る機会を2013年から4年間ももらったことを特別な感謝の言葉で述べています。「最高の先輩の下で走ることができた」「それが自分を強くした」「これは自分1人の勝利ではない」「チーム全体の勝利だ」と**何度もチームの勝利という言葉を使いました。**80歳を過ぎたA・Jもこんな風に言われて本当にうれしかったでしょう。

## 体を鍛え、精神を鍛え、仲間に感謝

勝てば「自分の力だ」と言う人が世の中にいる中で、佐藤選手は当時40歳で若手とは言いがたいのですが、それにしても倍ほど離れた先輩に巡り合えたことをこれだけ感謝するのは、ちょっと日本的な感じもします。

結局、日本のファンが彼を大好きなのは非常に国際的で英語が流暢であり、どんなときも顔色一つ変えないポーカーフェースの人でありながら、日本的に先輩を敬ったり、チームをたたえたりする日本人独特の美徳を持ち合わせていることに、何だかホッとしているからに違いありません。

そして付け加えるならば、彼がどれだけ厳しい鍛錬をしてきたかは彼の首の太さで分かります。顔と同じくらい首の幅があり、狭い車内でヘルメットをかぶり、2時間半もの間を戦い続ける。首の丈夫さが写真だけでよく分かります。体を鍛え、精神を鍛え、仲間に感謝する。その結果が今回の優勝でしょう。

**実践ポイント**

- **喜びは全身全霊で表せ**
- **仲間へ感謝し、先輩を敬う気持ちは美しい**
- **流暢な英語の中にも日本人独特の美徳を**

# サラ・カサノバ

日本マクドナルド会長

地獄を見た外国人社長が果たした「日本流」の復活劇

# 謝罪の良しあしが運命を分ける

２０１４年7月、なぜ彼女が日本人に嫌われたか。マクドナルドの商品に異物が混入している、ナゲットに期限切れの鶏肉を使っているなどと次々と問題が発覚し、これでもかと現れる欠陥商品について、日本中が一気にマクドナルド離れを起こしました。そんな中、サラ・カサノバ社長（当時）は同7月29日、期限切れ鶏肉問題の発覚後、やっと10日も経ってから記者会見に臨みました。そのとき、テレビのコメント分析をしたのが私です。なので、よく覚えています。

一応、おじぎはしたものの、あごをあげたまま、「マクドナルドはだまされたのです。私たちこそ被害者です。一部中国の工場で起きた彼らの仕業です」と次々と自己弁護を繰り返しました。気の強そうな黒縁フレームの眼鏡をかけ、無造作なロングヘアは風になびくような形で、きつい印象の黒いビジネススーツです。**顔つきがあまりにそっけないので謝罪ではなく、自己正当性を主張する記者**

**会見**なのだと私も感じましたが。日本中もそう感じたでしょう。

しかも、そのときマクドナルドの売り上げは落ちに落ち、２０１４年12月期の最終報告で大赤字を抱え、その額は連結決算で２１８億円。わが社は被害者だと言わんばかりの物言いで余計に日本中を敵に回し、赤字はますます大きくなるだろうと誰しも思いました。

たった半年後の２０１５年2月、なぜ彼女は日本で味方を得ることができたのか。彼女はまた記者会見し、これがテレビに映し出されました。この会見分析をしたのも私です。同じ人かとびっくりしました。黒かったスーツはライトグレーになり、ロングヘアは後ろに束ねて黒縁眼鏡も変えました。そして、**会見のときには指を前にそろえて両手を重ね、日本流の礼儀作法にのっとったおじぎと会釈**をして、登場するやいなや、記者団に「グッドアフタヌーン」と呼びかけ、「お忙しいスケジュールの中、来てくださってありがとうございます」と言いました。

# 印象が示した回復への覚悟

ビックリ仰天とはこのことです。２１８億円の赤字をどうするかという課題を抱えながら、高圧的なイメージを一新して低姿勢で投資家や株主、そしてマクドナルドを食べている日本中の人にきちんとおわびをした形です。面白いのは２回の会見とも「I apologize（申し訳ありません）」という英語が使われていますが、活字に起こせば同じ文章なのに印象が１８０度変わったことです。

前回は自己主張だったものが２回目はおわび、謝罪という印象を強く出していました。これが「もう一度、企業努力を徹底的にする」という彼女の約束となり、それに応えて多くの人に「じゃあ食べてみようか」と思わせたのでした。

そして「カイゼン」は一気に行うのがいい。いくら上手に謝っても何も手を打たなければ赤字はそのまま増え続けたでしょう。しかし、マクドナルドは２０１６年12月期決算で３年ぶりの黒字に転じました。いろいろなことをやったのです。

2016年4月、「グランドビッグマック」という新商品を出し、供給が追いつかないほどの人気を集めました。同年7月にはスマートフォン向け人気ゲーム「ポケモンGO」と連携し、また、555店舗を改装しました。このような施策を一気にやったことが功を奏したのでしょう。

## リーダーの自己表現が会社を左右する

どうしても赤字の中でカイゼンをすると1つだけ、あるいは半分だけという小手先直しに終わることが多いのですが、マクドナルドの場合、代表の謝り方から始まり、店舗・商品、流通のための手段とすべてを一気に変えました。おそらく黒字化の成功要因はこんなことが一気に行われたからでしょう。

もちろん、世の中はいつだって斜めからの目線で人のやることを見る人がいますから、「店舗数が減ったからそのまま回復軌道に乗るのかしら」「彼女は社長を続けることができるのかしら」など、巷ではたくさんの説や疑問が出てきます。

つまりは、それだけマクドナルドとカサノバ社長の手腕に注目が集まっているということです。どんな注目だって、ないよりはあったほうがビジネスにはプラスではありませんか。失敗するかしないかはやってみないと分からない。

もちろん大きな勝算の上に大幅カイゼンしたのですから、ここはわれら一同、見守るべきでしょう。**リーダーの自己表現は常にガラス板の上を歩いているようなもの**で、バリンと割れたら地獄です。けれど、それを女性の、しかも日本人でもないカサノバさんが行動したということはやっぱり見事な自己表現です。

## 実践ポイント

- **謝罪会見は企業の命運を分けると心得よ**
- **指先まで気を張った礼儀作法と見た目の印象で覚悟を示せ**
- **良い注目も悪い注目もビジネスチャンスにしてしまえ**

# 尾畠春夫

スーパーボランティア

## 「自分が自分のリーダーになる」これからのボランティア論

©共同通信社

# 自分が自分のリーダーになる

山口県周防大島町で行方不明になった2歳男児を見つけ出した尾畠春夫さん＝大分県日出町在住＝のほっとした笑顔をテレビ画面で見て、当時78歳だと誰が思ったでしょうか。精悍（せいかん）な顔つきは真っ黒に日焼けし、腕の筋肉ががっちりとたくましい。60代前半くらいにも見えます。

尾畠さんは2016年の熊本地震や2018年7月の西日本豪雨など、多くの被災地でボランティア活動を重ねています。2011年の東日本大震災でも、がれきの中に埋もれた思い出の写真などを拾い集める「思い出探し隊」の隊長として活躍。ベテランボランティアとして、他の参加者らから「師匠」と呼ばれ慕われていたそうです。

今回、捜索に当たった警察さえてこずった場所で、なぜ尾畠さんはたった30分で男児を発見できたのか。それはおそらく、彼が常に**自分の人生のリーダーを自分でやってきた**からでしょう。

例えば、集団で行方不明者を探す場合にはリーダーが「右の方だと思うから右へ」とか、「右に半分、左に半分に分かれよう」とか決めます。メンバーは指示に従って自分の分担をこなしていく。通常の会社の仕事では、もっともよくある形でしょう。ただ、数年前にベストセラーになった「Grit（グリット）」に関する本を読んでみてください。グリットは「永続するやる気」「大きなやる気」という意味ですが、これは年齢とともに衰えていくのが普通の人間です。

しかし、グリットが高い人たちは年齢とともに減退するどころか増進する人もいます。そのヒントが「貢献」という尺度です。自分の仕事が誰かに貢献していると思う人はグリットが高く、年を取ってもまったく衰えません。アメリカの心理学者、アンジェラ・ダックワース氏がデータで実証しています。

# 他人への貢献がグリットを生む

まさに尾畠さんは高いグリットの持ち主なのでしょう。彼はいつも人の役に立ちたいと思っていて、その気持ちが誰かの命令を受けたものではなく、自分流にそれをやる。本人の言葉で言えば、「たまがるほどの元気、たまがるほどの笑顔、たまがるほどの愛情、たまがるほどの真心、たまがるほどの幸せを」となるのでしょう。「たまがる」は私の故郷では「たまげちゃったね」と言いますが、大分弁で「びっくりする」という意味。

なるほど、子供は上の方に登るものだから上にいるに違いないと思ったという判断力、上り坂を何とも思わない元気、見つかったらまず抱きしめてあげるという愛情―など、78歳の年齢を考えれば、どれもこれも「たまがる」の連続です。

もっとも心に残ったのは、「あまりこのことを話題にしないでほしい。男児の心の傷になるから」とマスコミに呼びかけたことです。この言葉からは、**自分中心ではなく小さい男の子を中心に考える彼の真心**が伝わります。

## グリットがボランティアを支える

実は、こういう人が一番ボランティアに向いているのです。いま、2020年東京五輪・パラリンピックに向けてボランティアを募集していますが、当初、期待通り集まっているという話はあまり聞きませんでした。なぜかと言えば、「オリンピックの準備に週何日、何時間を使える人」などと上からの指示が出て、それに対して応募する形を取っているからでしょう。

「Voluntary（ボランタリー＝自らの意思で進んでやる）」という意味からすれば、何日来られればボランティア、何日来られないのであればボランティアではないという決め方がそもそも変なのです。「自分流にやる、人を助けたいからやる、助けたからといって目立たなくていい」という尾畠さんのような心持ちが日本中に広がれば、ボランティアなど自然に集まるでしょう。

78歳はいわゆる後期高齢者です。もはや「中高年の星」というより「人生大先輩の星」。ちょっとでもまねをしたいものです。

**実践ポイント**

- **自分の動きを決めるのは自分であれ**
- **「貢献」の意識で高いグリットを持ち続けよ**
- **目立って喜ぶのは自分だけではないか、と考える**

# 本庶佑

京都大学特別教授

夢を徹底的に追い求め、未来につなげる真のリーダーシップ

©共同通信社

# 夢を諦めない人は成功する

２０１８年のノーベル医学・生理学賞は、京都大の本庶佑（ほんじょたすく）特別教授に授与されました。この知らせを受け取ったとき、本庶先生は研究室にいらして、その様子が世界中に動画配信されました。私もそれを見て、本当にびっくりしたのは研究室の学生たちがアラブ系、アジア系など多国籍の集まりで、異口同音に喜びの声をあげてジャンプしたり、右手の親指を突き立てて喜びを表したりし、「ここで研究できていることが自分にとっても最大の名誉だ」と興奮気味に語った姿でした。

本庶先生が自分の夢を絶対に諦めず、どんな大変なことがあっても譲らなかった結果、体内に侵入した異物を攻撃する免疫細胞の働きを阻害する「ＰＤ－１」というタンパク質を発見。そこから今、がん患者の光明になっているがん免疫治療薬「オプジーボ」が開発されたのです。

この本庶先生の研究内容は本稿の対象ではないので割愛するとして、ポイントとしてこの粘り強さと夢に対する少年のような憧れの2つを特記したいと思います。

## 尋常でない粘り強さ

科学者としての直感力、ここには何かあるというひらめきで先生は常に研究を続けてきました。「何かある」と発見してから、その解明、さらに薬の開発まで20年以上の道のりだったのです。1人の研究人生として20年以上、同じテーマを追いかけてノーベル賞に至った。実にすごいリーダーです。

先生の言葉を借りれば「石ころを磨いてダイヤモンドにするのが自分の仕事」とおっしゃいます。粘り強いわけです。その証拠に、例えば趣味のゴルフについて記者会見で「この後の目標は何ですか」と問われ、「ゴルフでスコア76を出しますよ。それはもちろんエージシュート（年齢以下のスコアで全18ホールを回ること）です」。

「あり得ない！」と思ってしまいますが、ティーグラウンドに立った姿を見ると、それもあり得そうな無駄のないフォームです。本庶先生は「中途半端は大嫌い」と常におっしゃっているのです。

## すべてのことを疑ってみる

本庶先生の小学生時代を知る親友がテレビで語っていました。本庶先生は授業を丸暗記する他の生徒とまったく違い、教師に「それはなぜですか」と聞き返し、さらに「その理由になるのはなぜですか」と食い下がり、教師を立ち往生させることがしばしばあったというのです。

**「何でも疑ってかかりなさい。教科書に書いてあることがすべて正しいとはかぎらない」**と先生はおっしゃいます。この少年の頃の夢が「医者か科学者になって多くの人に貢献する」ということでした。その考えがまた忘れられない言葉です。

医師となって患者を治療すれば、それは1対1です。しかし科学者になって新しい発見をすれば、これは自分の仕事が何百万人、何千万人の幸せに貢献するというのです。

そんな大きな夢を追い続けているからでしょう。受賞の瞬間は当然として、その後のインタビューや記者会見で先生は強い目力を保ったままで「自分はこの道をさらに突き進む」とおっしゃるのです。受賞後すぐ、若手支援のためにオプジーボの特許料やノーベル賞の賞金などを使って1000億円規模の基金設立に踏み出すことを表明されました。

多分、ずっと考えておられたことなのでしょう。若手を養成して自分の夢を後ろにつないでいく。夢は永遠に続いていく。これが年を取らないリーダーの象徴なのだと思います。

**実践ポイント**

- **何かをするとき、決して諦めない姿勢を示せ**
- **すべてのことを疑ってみる**
- **次の世代へバトンタッチするのが真のリーダー**

# 加藤一二三

将棋棋士

## 天才ひふみんに学ぶ3つの魅力

©共同通信社

# 何を言われてもへっちゃら……自分の尺度

戦前生まれで現在も元気に活躍している将棋棋士で2017年6月に現役を引退した加藤一二三(ひふみ)さん。14歳の中学生でプロになったというエピソードは何となく現在の最年少プロ、藤井聡太七段と重なるものがありますが、誰とどう比べようが「ひふみん」だけが持っている独特の3つの力は、全てのビジネスパーソンが身に付ければどれだけすてきな世の中になるでしょう。

「2017 ユーキャン新語・流行語大賞」のトップ10にも入った「ひふみん」。個人の愛称なのに何となくひふみんと聞いただけで、みんなが顔を思い浮かべるのも不思議なところです。実はあまり多くの人に知られていないひふみんの魅力の源泉を探っていきましょう将棋盤に向かっているときもそうですが、引退後、さまざまなテレビや新聞、講演などで活躍する姿を見ていて、どの場面でも自分流の尺度がぴしりと座っていることに驚かされます。それは誰が何と言おうと自分が面白いと思うことは面白いと言い、素晴らしいと思うことは相手が藤井七段のような年下であってもきちんと褒める。

この自分流の中には食べ物や服もあります。対戦する日は昼食も夕食もウナギだったというのも今では有名な話でしょう。それが彼の対局に臨むルーティーンなのでしょう。自分流の尺度なので、普通の人ならちょっと若い人に小馬鹿にされたと気を悪くする場面でも、テレビの画面の中でまったく平然とニコニコしています。

つい最近もそんな場面がありました。服装のダサい男性がある1つのアイテムを取り入れるとハイセンスでスリムに見えるというバラエティー番組にひふみんが登場したのです。そのときの1つのアイテムとは黒いズボンでした。

さて、全員が更衣室に入り、テレビの画面に登場、出演者みんな、先ほどのゆるめだったり少々だぶつきがあったり老けていたりした姿が、黒い細身のパンツでイメージ一新。しかし、ひふみんだけ出てきません。「あれ？」と思ったら体形に合う黒いパンツが既製品ですぐに見つからず、別のところで着替えていただいたというのです。

そしてひふみん登場、「みんなスリムですてきですね」と言ったときに彼はポケットに手を突っ込んでちょっとラフな格好をしていました。「それはどういう意味ですか」と聞かれると「あのね、僕ね、ポケットに手を突っ込んでいると俳優に見えるって誰かに言われたの」。この答えに出演者一同どっと笑い転げ「まさか」と言ったのですが、まったく動じません。最後までポケットに片手を突っ込んだまま話を続けました。

**自分流があるから誰に何を言われてもへっちゃら**という彼の軸の揺るがなさが、人の顔色を見たり忖度(そんたく)という言葉がはやったりする今の時代にウケる大きな理由に違いありません。

## カトリック教会で洗礼…大いなる愛

第2は彼の持っている「大いなる愛」です。さて大いなる愛とは何ぞや。これについてはある一つの事実を理解すると全て分かります。昭和45年、ひふみんはカトリック教会で洗礼を受けました。クリスチャンになったのです。そして多くのクリスチャンが仏教国あるいは神道国と言われる日本で、「私はクリスチャンです」というのに勇気が必要でためらわれるのですが、ひふみんはまったくためらいません。

30歳のころ、対局で負けたり腹が立ったりして大変だった、そのときに**自分に**

**何か心の軸になるもの**がほしいと思い、洗礼を受けたと機会あるごとに言います。そこで彼が言う「神様を信じる」という神様はイエスキリストただ1人を指しています。キリストは全ての生きているものへの愛を説いています。

それを考えるとあの猫騒ぎにも、すっと答えが出るではありませんか。2008年、ひふみんは自宅周辺の近所の人々から損害賠償を求める訴訟を起こされました。それは野良猫に餌付けしていたために猫の糞（ふん）で街が汚れるからです。

周辺の人たちは糞や鳴き声がうるさいと、ひふみんを責めていたのですが、彼は個人で誰にも頼らずに猫に避妊手術を施したりして猫が迷惑をかけずに暮らせるように、いくつかひそやかに手を打っていました。それが生き物を殺さずに共存したいという彼の大きな愛だったのです。東京地裁立川支部は2010年、加藤さんに餌やりの禁止と慰謝料など計約200万円の支払いを命じ、判決は確定しました。

## 見事だった引き際の潔さ…高齢者の希望の星

ひふみんのプロ最後となった2017年6月20日の対戦で、当時23歳の高野智史四段に負ける戦いを多くの人がテレビで見ていました。「負けました」と言い、さっと外に待たせておいたタクシーに乗り込んだひふみん。引き際の潔さも見事でした。

現在、彼は仙台市にある仙台白百合女子大の客員教授になっていますが、多くの市民や大学、マスコミが彼を放っておきません。ユーモアたっぷりで若者も一目を置き、同12月5日、羽生善治さんが永世七冠の偉業を成し遂げたときも最年少の藤井四段（当時）がコメントし、最年長だったひふみんがコメントし、新聞で2人の顔が並んだのが印象的でした。79歳、後期高齢者になっても若者と一緒に注目を集めている。そんな高齢者にわれわれもなりたいと思うところです。

**実践ポイント**

- 「自分流」でぶれない軸を持て
- 「大いなる愛」で周囲を包み込め
- 「高齢者の希望の星」を目標に持て

©共同通信社

# 西野朗

元サッカー日本代表監督

## 日本代表を導いた「フォロワーシップ」

# 前任者を否定せず、課題を見つける

サッカー日本代表、西野朗(あきら)監督率いるチームが、2018年FIFAワールドカップで快進撃を見せました。「Seeing is believing」は直訳すれば、「見ることは信じること」という意味で、日本には「百聞は一見に如かず」という面白いことわざもあります。でも、これは100回聞くより1回見た方がしっかり分かるという程度の意味ですが、「Seeing is believing」はもっと人間心理の上に位置することわざです。見たから信じた。これが西野監督に対する日本中の印象でしょう。

落ち着いて考えれば西野監督にはリーダーとしての経験も素養もあったのに、あまりにも日本サッカー協会の決断が突然で、見ている人が「あれ？」と口を開けたまま、ハリルホジッチ前監督解任のニュースを知ったのでした。何だか狐に

つままれ、誰かきちんとしたリーダーが来るのかと疑心暗鬼状態でした。前監督の解任理由は

（1）選手とのコミュニケーション不足

（2）信頼関係ができていない

これをわずか2カ月で補い、W杯に向かうなんてあり得ない、誰が来てもダメだろうという思いがありました。しかし、そこに登場した西野監督は、見事に前監督解任を上回る、3つの大きな力を持っていました。

4月12日の就任会見がもっとも分かりやすいでしょう。西野監督は着席しても体を左右に揺らしたり、落ち着かない、ここは自分の居場所じゃないというイメージで座り直したりしていました。最初のテレビ朝日記者の質問に答える間だけでも25回も舌なめずりをしています。

しかし、話の内容に耳を傾けると見事にハリルホジッチ前監督にはなかった能力をきちんと持っているのです。しかも前任者を決してけなさず、「（前監督が）

要求した世界レベルの高い能力は当然のことである」と。前監督が指示したグラウンドでの縦の動きも否定せず、ただ、「現状第一に考えて、実際にフィジカルで選手たちができるのかどうかを第一に考えたい」と。

もともと、技術委員長として前監督をサポートしてきたのでそれぞれの選手の技量と考え方、性格などは熟知しています。その上で監督の要求と、選手のレベル、つまり「選手のやりたいこと」とが合っていないということに気付いていたのでした。

だから、コミュニケーションと信頼関係づくりをきちんとやった上で、要求が現実に当てはまるか考えたいという内容の記者会見でした。まだ実績を出していないのでこの段階では多くの視聴者が半信半疑。新聞もサポートする論調はありませんでした。

ところが1試合目に勝ち、2試合目引き分けとなれば、当然見方は変わってきます。Seeing したので believing したわけです。彼のやり方は正しかったのだと。

そうなって考えるとコミュニケーションと信頼関係構築の他に西野監督が誰にも負けずに持っていた第3の力に驚かされます。

## 部下をうまくサポートする「フォロワーシップ」

西野監督最大の力はずばり「フォロワーシップ」の力です。前監督の右腕だった時、要求に対してどうサポートすればいいかを絶えず考えていたのです。リーダーをいかに支えるかを部下が進んで考えるのがフォロワーシップです。

本物のフォロワーがリーダーになったときに下の気持ちが分かるリーダーとして、単に「付いてこい」というのではないコミュニケーション型のリーダーが誕生します。厳しい状況を乗り切るには**（1）コミュニケーション力（2）信頼関係、に加えて、（3）フォロワーシップの経験が必要**でしょう。

時間を追うごとに西野監督の表情筋がよく動くようになり、「自信」や「勝つ」

という言葉を発することが多くなっていきました。「選手はみんな自信を持っています」「引き分けではなく勝ちを取ります」と明言もしています。そんな言い方ができるようになったのも実績を見せて周りの人に信じさせたからです。

確かにビジョンを持ったリーダーは必要です。しかし逆境の中で周りや部下に対してさえも半信半疑では、どんなに強くて高い目的だけを強制しても部下のフォロワーシップが育たないのです。だからこそ、もともと自分がフォロワーシップを経験してきたリーダーは強いのでしょう。

**実践ポイント**

- **フォロワーシップの経験が逆境を乗り切る力になる**
- **リーダーはフォロワーを育てる視点を持て**
- **前任者を簡単に否定してはいけない**

# 高田明

ジャパネットたかた創業者

## 経営に美学を据えよ「初心忘るべからず」の真の意味とは

©共同通信社

# 仕事に美学を持つ

2018年3月、通信販売大手ジャパネットたかた創業者、高田明氏が『高田明と読む世阿弥』（日経BP社）という書籍を出されました。読んでまず思ったのは「ああ、あのときから全くぶれていないなあ」という感動でした。

あのときとは15年ほど前、長崎県佐世保市の本社で講演した後、市内の高田さんの大きなご自宅で夕食を頂き、5時間激論したテーマが「世阿弥」だったのです。世阿弥の美学の中でも「風姿花伝」に代表される花の思想がテーマでした。ただ若くて力任せに咲かせる「時分の花」ではなく、その折々の環境や観客の状況を吟味しながら咲く「真の花」。

あの高い声でそれぞれの対象者にピタリの解説文をなるべく少ない言葉でイメ

ージが浮かぶ言葉遣いでMCをする高田社長のことを知らない人はいないでしょう。けれど、根底に世阿弥の花伝書『花鏡（くわきょう）』など能楽の知識が生かされていることを知っている人は多くないはず。今年の売り上げ目標を明示している経営者は多いのですが、その中に美学がある人がどれだけいるか。高田氏の美学は花伝書であり、世阿弥のすべての能楽書に共通する能の考え方です。

## 能とビジネスの共通点

自分が面白いと思った能を舞うのではなく、観客は何を求めているか、今日の舞台はどんな天気で何時くらいで観客の気持ちや状況はどんなかと考えながら舞う世阿弥。お客がいて物を売るビジネスの手本だと、よく考えたら分かることです。美学があるから細かいことでぶれなくて済む。それは経営者にすがすがしい安心感を与えます。

高田社長と結びつけたい世阿弥の言葉があります。「初心忘るべからず」です。「物事を始めた頃の志を忘れずに一生懸命やりなさい」という意味で使われています。本当はそうでなく**初心とは「芸の未熟さ」**のことです。だから初心は若者の専売特許ではなく中年あるいは老年、どの年代になっても、あの未熟さが初心だという意味で書いています。

やり抜く力は「もうできるようになったからいいや」と思えば急に小さくなってしまいます。それぞれにおいて**まだやるべきことがあると考えるから本を読むし、人に話を聞く**。この初心に対する考え方が高田さんの大きな特長です。「パフォーマンスって何ですか」から始まり、どうしてこんなに謙虚に人に意見を求められるんだろうと思いますが、それが美学に違いないのです。

# 仕事をよく知る者を後継者にする

後継者についての考え方も世阿弥そのものです。世阿弥の父は観阿弥です。偉大な父を見ながら学術的な書物をまとめたのが世阿弥です。けれど世襲なのかというとそうでもない。経営者が一番困っている後継者の問題について世阿弥は明快な答えを出しています。

世阿弥の言葉で語ると、「家、家にあらず、継ぐを以て家とす。人、人にあらず、知るを以て人とす」。最初に読んだ40代の私はピンと来ませんでした。家を継ぐのは長男長女ですが、世阿弥の言葉を真剣に読むほど何となく違うということに気付くのです。

**血筋のつながることが後継者なのではなく能の心を学んで知っている人が後継者になる**と世阿弥はここで書いているのです。某家具屋さんの長女と父親の間に大きな対立が起こり、世間を騒がせた事件は記憶に新しいでしょう。その道を一番知った者が継ぐと思えば創業者は気が楽になると思うのです。

こんなことを世阿弥が室町時代に書いていたのは驚きです。単に能楽者ではなく、一座を持つ経営者であり、どうやって観客を集めるかを常に考え、次の代へどう継承しようと考えていたから経営者を惹きつけているのに違いありません。高田さんのように自分の経営に1つ美学を据えようと思う経営者に手に取りやすく奥が深い読み物です。

**実践ポイント**

- **ビジネスの根底に美学を据えよ**
- **いくつになっても「物足りなさ」を**
- **血筋だから継ぐのではなく、知っているから継ぐ**

# 第2章
# 感情と心理をうまく伝える人を惹きつける表情

©共同通信社

# 鈴木亮平

俳優

## ビジネスにも通用する「演じる」意味

# 細かな点も妥協せずにこだわる

ＮＨＫ大河ドラマの歴代主役は、演技をうまくやれば国民的スターになることが約束されています。その中でも２０１８年の大河ドラマ「西郷どん」の主人公、西郷隆盛役を演じた鈴木亮平さんは、際立ったものがありました。

最初のころの彼の体格を覚えている人も多いでしょう。２０１６年11月の主役発表時点の体重は74kgと伝えられていました。もともと西郷さんは大柄で、体重１００キロあったと言い伝えられています。ドラマの中には取っ組み合いや相撲の場面もあり、役柄に近づくためにも、相撲をやりつつ体重を増やすことが大事。特に物語がラストに近づくにつれて、体重を増やしていく必要がありました。

そこで彼が挑戦したのが、早稲田大学相撲部で猛練習して食べまくり、少しずつ増量していくことでした。死に直面する場面で鉄砲に撃たれて倒れたときの彼の二重あごは、一度見た人には忘れられないでしょう。

薩摩弁も見事でした。さっと問いかけられて「ありがとうございます」と言うところを、「あいがとさげもす」と言う。これを完全にマスターしたので、撮影終了後のインタビューでも自然に薩摩弁で答えが出ていました。その陰には、東京外国語大学（英語専攻）卒業という彼がもともと持っていた語学の素質がありました。

**努力は人を裏切らない。適当にやっていれば、体重を増やすことも薩摩弁をマスターすることもできない。**隆盛の上司に当たる薩摩藩主の島津斉彬役で共演した名優、渡辺謙さんに必死に食い下がり、武士としての立ち居振る舞いを学ぶこともできなかったでしょう。

# 自分のタイプと役割を理解する

会社員でも同じことです。**社長、部長、課長、係長、どの役柄をやる場合でも、そのロール（役）に徹しきれるかは本人の努力次第です。**ロールプレーイング（役割演技）に徹する。そのための努力ができるかどうかが、毎週毎週尻上がりに上がっていった鈴木亮平さんの人気の裏にある事実でしょう。

もともとあまり知性的でない人が知性のある演技、例えば悩んでいる演技をしても、何となくわざとらしく見えます。こういう役者がリーダー役、一国の運命を決めるような役柄をやるのは無理があります。

鈴木亮平さんは、高校時代からクラスの責任者をやったり、東京外大に進学するなど、いわゆる知性的なタイプ。それが役の中で苦渋の決断を迫られたり、仲間に「先生、先生」と慕われたりする知的なロールプレーにぴたりと合ったのです。結局、役者の知性は顔に出ます。何をやっても、もともとの知性がにじみ出るものです。

## 周りは二重の自分を見ていると知る

例えば、社長という役を演じていても、係長という役を演じていても、相手（視聴者）は、その役の陰にある役者そのものの人柄を見てしまいます。これが「演技の二重性」で、面白いところです。

ちょうど能役者が顔のサイズより小さい能面を付けて小面や般若、癋見を演じているとき、見ている人は「あれは○○のやっている小面だ」というように、能役者そのものを見ていることでもわかるでしょう。**ロールプレーに徹していても、相手（視聴者）は、役の後ろにいる人柄を見ているのです。**

鈴木亮平さんは、実生活では妻子がいる安定した立場だけれど、「西郷どん」の役では2人の妻を持ちました。撮影中は両方の女優さんを平等に扱わなければいけないと思い、壁に貼る女優さんの写真の位置まで工夫したそうです。

もともとの誠実さや人の良さ、他人への配慮が役者としての彼を大きくし、それを西郷さんという「仮面」の後ろに見ているので、視聴率がどんどん上がったのだと思います。努力は人を裏切らない。ロールプレーに徹する。知性は顔に出る。こんなことができれば、ビジネスリーダーもきっとすばらしいことでしょう。

**実践ポイント**

- **細かな点も妥協せずにこだわる**
- **自分のタイプと役割を理解する**
- **周りは二重の自分を見ていると知る**

©共同通信社

# 菅義偉

内閣官房長官

〝影の総理〟の努力と根気

# 視線を合わせる丁寧な対応

おとなしげに見えて、安倍晋三首相がうまく乗り切れるだろうかと心配になる場面で必ず登場するのが、菅義偉（すがよしひで）官房長官の巧みな発言です。菅氏は半ば安倍政権の要であり、安倍首相も頼り切っているようです。

菅氏のホームページによれば、秋田県生まれで高校卒業後、いったん就職し、法政大学へ。26歳のときに「『人生を政治にかけよう』と志を立てる」と書いてあります。そして代議士秘書、横浜市議２期を経て、１９９６年の衆院選で国政へ。２００６年には総務大臣兼地方分権改革担当大臣に抜擢され、「ふるさと納税」を創設した本人でもあります。実はこの元総務大臣というところが彼のスゴ技のもとになっていると思われます。

菅氏の安定感と比べ、学校法人「森友学園」への国有地売却をめぐる財務省の決裁文書書き換え問題で記者会見した麻生太郎財務相には「ドキッ」とさせられることが2つあります。

それは彼の「他者への視線」の横柄さです。何度も繰り返された「最高責任は佐川にある」の言葉は何でしょう。佐川氏の上司は誰でも分かる麻生氏です。部下意識があるからこそ、「佐川」と呼び捨てにしているのでしょう。それなのに、責任は佐川氏までで自分には及ばないということ自体、矛盾しているではありませんか。

もう1つ、目の前の記者への対応は何ということでしょう。私が聞いても、どういう内容か明解に分かる質問に対しても「定義がよく分からない」などと逆質問。首を右にかしげてアゴを上げるので、記者を斜め上方から見下すような顔の表情になります。テレビで見ている国民は目を覆いたくなるような印象を受けます。

それに対し、菅さんの対応の良さは際立ちます。**丁寧に言葉を選び、ときには手元のメモを見ながら、一人一人にまっすぐ視線を向けて答えています。**内閣もさまざまな対応レベルの閣僚がいてバランスが取れているということでしょうか。

今、もし首相が倒れて誰が臨時の首相になるのか、投票すれば菅氏がいいところまで行くかもしれません。若くて頭が良く、プレゼン能力も抜群の小泉進次郎氏の待望論は世間にあります。しかし、首相になるには若く経験も足りない。すでに5年以上、総理の女房役をこなしている菅氏が頼もしく思えます。

もともと菅氏は苦労人です。秋田県の農家の長男でイチゴ農家を継ぐはずだった菅氏が集団就職で上京し、段ボール工場で働きながら法政大学を卒業したのは有名な話です。1期目で倒れた安倍氏を2度目の総裁選に引っ張り出したのも菅氏です。こういう実績は国民がよく知っています。

## 根気強い説得力

菅氏は静かに淡々としゃべるようですが、実はプレゼンの仕方とネゴシエーションが抜群にうまい。２０１８年２月に投開票された沖縄県名護市長選は、自民・公明・維新推薦の渡具知武豊（とぐちたけとよ）氏が、米軍普天間飛行場の辺野古移設阻止で結束する現職の稲嶺進氏を破り、初当選を果たしました。約３４００票差という勝利の陰に菅氏がいます。

沖縄の基地問題で頻繁に現地へ赴き、絶えず粘り強い交渉をしていた菅氏の姿はテレビでもよく知られています。**かっとなって赤い顔をしたり、怒鳴ったりすることは一切なく、ひたすら根気がいい。この根気よい説得力が、菅氏の人望を高めている理由です。**

安全保障政策などで自民党きっての政策通とされる石破茂氏も、重要なポジシヨンを歴任する岸田文雄氏も、菅氏のようなこまごまと努力する姿と根気強い説得力にはなかなか及ばないようです。

総務大臣を務めたことで巨大官庁、総務省に独特の人脈と情報網を持っているのが菅氏の強みです。もしも安倍首相の身に何かあったとき、陰の総理大臣としてポスト安倍をも狙えるところにいるのは、根気良さ、こまめさ、経歴など全部含めると菅氏なのかもしれません。

**実践ポイント**

- **他者への視線を意識せよ**
- **派手さよりも根気強さ**
- **巨大組織に人脈をつくれ**

©共同通信社

# 元横綱 稀勢の里

## 優勝インタビューの表情に隠された秘密とは? 涙を誘う3つの理由

# 日本人に響く師匠へのリスペクト

2017年の大相撲春場所は、日本中が会場で、あるいはテレビにくぎ付けになって稀勢の里を見守りました。日馬富士と鶴竜相手に惜しくも2敗となり、13勝2敗で迎えた優勝決定戦。彼は左肩を強烈な打撲で痛め、首から肩を通して二の腕あたりまで大きなテーピングをした上での出場です。出場すら危ぶまれた前日のケガでした。「休むのかな」とみんなが不安に思う中、彼は決然とこの最終日に挑んだのです。この姿が私たちを励ましました。

なぜ稀勢の里の姿が私たちを惹きつけるのか。具体的に次の3点にまとめることができるでしょう。

まずは日本人のメンタリティーと師匠へのリスペクトです。稀勢の里は亡くなった先代師匠の鳴戸親方（元横綱隆の里）を心から尊敬していました。入門したころから「この子は類い稀な勢いがある」と直感して稀勢の里という名前をつけたのも親方です。

しかし、稀勢の里はどちらかというと優しい性格だったので親方は育てるのに苦労したようです。「亡き親方に勝って恩返しをしたい」と稀勢の里はことあるごとに言っていました。この師匠へのリスペクトが、昨今の若者に欠けているものだと、特に子を持つ親や人に何かを教えている人はしみじみと思ったのです。

次にケガに負けない勝負魂です。ケガをしたときの選択は非常に難しいものです。ケガを押して次の試合に出たために一生を台無しにするかもしれない。でも勝ったときの喜びは3倍、4倍にも膨れ上がり、観衆もあれだけの大ケガをしながら勝ってくれたと感動します。彼の優勝インタビューを見てほろりと涙をこぼした人も多いはずです。私も何度でもインタビューを見たくてニュースを確認しました。

いくら周りが心配しても痛みが分かるのは本人だけです。強烈な痛みだったに違いないはずです。なぜなら賜杯を持ち上げるとき、残った右手を中心に左手を添えた途端に痛くてしかめ面をしました。それでも「頑張ってみます」という言葉しか口にしない。**つらいことは心の中にしまい込んで「やる」と宣言する**。ここが横綱の違いでしょう。

心技体がそろったときに横綱が誕生すると言われますが、このケガにもめげず「大丈夫ですから」と言うところが、彼の心の強さと決意をみせた。それがすごかったのだと思うのです。

## 口元の筋肉に注目！

３つ目は**口元の引き締めが心に刻印を残す**ということです。優勝後のインタビューで「今はしっかり（ケガを）治して、また5月から頑張ります」と言った。

さらに、稀勢の里は口を真一文字に結び、口の両サイドの小さな筋肉、口角挙筋に力を入れたために、ちょうどスマイルマークの口の両端のような形になりました。１つの話が終わった後に稀勢の里がよくやる口元です。「本当に皆さんの応援と支えてくれたおかげです」と言った後も同じように口の両サイドを引き締めて口角をちょっと上げました。

横綱は当然、ちゃんこ鍋で強引に体重を増やすことを期待されます。だから顔の表情筋はパンパンに張っているのが普通です。頬も丸く張り、口元を引き締めたとき、丸く盛り上がった頬の筋肉（大頬骨筋、小頬骨筋）の中に口角が食い込むような形になります。

目に涙をいっぱい浮かべながら口角挙筋だけを引き締めている。横綱ゆえに手放しでわあわあとは泣けない。この責任感と使命感と決意に、日本中が一緒に感涙したのでした。

稀勢の里のような優勝スピーチはおそらく、どの経営者にも政治家にもできないことでしょう。そもそも大ケガをしたら次の体力勝負は一休みするのがビジネスマンや政治家の常道ですから。それなのにその後の力士生命をかけてでも相撲を取った彼にファン一同、何の文句も出ないばかりか勇気をもらったのでした。

**実践ポイント**

- **日本人のメンタリティーに響く「ストーリー」を**
- **「口角挙筋」を使ってスマイルマークをつくろう**

# エマニュエル・マクロン

フランス大統領

**外見とのギャップが当選の鍵**
**若きリーダーが**
**壇上で取った行動とは?**

©Sipa USA／
amanaimages

# 外見を武器にする

フランスで39歳という同国史上最も若い大統領が誕生しました。２０１7年5月に大統領に就任したエマニュエル・マクロン氏です。ここで真っ先に思い出すのはアメリカのジョン・F・ケネディ大統領就任のときの衝撃です。世界中がこの若い大統領の誕生に熱狂的な拍手を送りました。

彼が言った「Ask not what your country can do for you, ask what you can do for your country（国家が何をしてくれるかではなく、自分が国家に何ができるか問え）」という名セリフは今に至るまで世界中の人々が演説の模範として暗唱している文章になりました。ケネディの甘いマスクとこの積極的な発言内容が歴史に残ったわけです。同じようなことがマクロンさんにも起きました。

彼の魅力を3つに分けることができます。その第1はルックスのメリットです。何しろ当時39歳、スリムでぜい肉が一切ない。顔がフランス人好みの甘いマスクです。堅い経歴とは裏腹に映画俳優としても使えそうなマスクです。長い間、交際した24歳年上の妻を愛し抜いたというストーリーまで加わって、何となく彼には人間的な魅力、男性としての魅力を感じるというのがルックス上の印象です。

## 壇上でまさかの投げキッス

第2は派手なジェスチャーです。演壇に登るのも降りるのも、長身を生かし大股で歩きます。階段を確認しようと下を向くこともしません。前を見たまま登壇し、降壇する。これが爽やかさと、やる気満々という印象を与えました。

そして勝利宣言のときには、両腕を肩よりもさらに高く高く目一杯に挙げ、ちょうど日本で言えば万歳をしているような手の形を何十回も繰り返しました。数秒間に1回出るほどの頻度で両手を挙げて、みんなにお礼を言っています。

それだけではありません。今まで他の大統領がやらなかった投げキッスの動作を登壇からずっと繰り返します。こんな動作をした政治家は今までいなかったでしょう。彼は前ボタンを外して、スリムなボディーがそのまま見えるような格好で両手を挙げます。この**動作が非常に大きいので、「次に何を言うのかしら」とみんな、聞き耳を立てる**わけです。

## 文章の終わりはしっかり下降調

3つ目に、政策内容が分かりやすく、かつ安心感があり、声にも安心感がある。対立候補のマリーヌ・ルペン氏は、第2のトランプ大統領といわれました。「フランス・ファースト」を掲げるのはいいのですが、EUから離脱するなど思い切ったことを言い過ぎて、国民はみんな心配でした。

マクロンさんの主張した内容は、ルペンさんよりもはるかに保守的でしたが、見た目が若々しいために「コンシート話法」が役に立ちました。コンシート話法とは、落差をつけて話を効果的に伝えるテクニックです。見かけは、俳優のアラン・ドロンさんが若かった頃を彷彿とさせるような派手な動作と声です。しかし、

**一言ずつ区切ってポーズを入れ、文章の終わりはしっかりと下降調のイントネーションで落として落ち着いた話し方をします。**

## 要点を「連辞」でたたみかける

「最も弱い人を守り、連帯の輪を形成し、全ての不平等や差別と闘い、かたくなに安全を守り、国家の団結を保証しながら、そうした声に耳を傾けるのが私の責務だ」

このように言いたい単語を「and」という接続詞でつながずに、「A、B、C」と、つなげていくやり方を「連辞」といいます。こうすると、**聞く人がリズムに乗って調子いい気分になり、惹きつけられます。**もちろん、この連辞で並べる単語が彼の政策の要点なので、それをどこに絞るかはスピーチ作成の段階でさんざん頭を使って言葉を厳選します。

こういう話法（ディスコース）のテクニックを上手に使った上で、内容をオーソドックスに、「この共和国の今までの伝統を守り抜いていく」という発言でみんなを安心させます。見かけは若いけど、やることはしっかり。保守的な良さを生かしつつ改革をしていってくれるだろうと思わせたのでした。

この期待値の違いが2070万票という、その半分しか取れなかったルペンさんとの票差となって表れました。まだまだ今後どこまでできるか未知数ですが、演説に関しては演劇活動で鍛えた、クリアな発声と強弱のある発音、みんなに分かる単語だけを選ぶという上手な名演説家として残っていくでしょう。

**実践ポイント**

- **ルックスや体形を生かせ**
- **ギャップで惹きつける「コンシート話法」を使いこなせ**
- **「連辞」で耳に調子いい響きを与えて引き込め**

# 星野仙一

元プロ野球監督

厳しくとも「仙ちゃん」と呼ばれる人なつっこさの秘密

©共同通信社

# 愛情ゆえに鉄拳ふるった名将

プロ野球元監督の星野仙一氏が亡くなったというニュースが2018年1月4日、日本中を駆けめぐりました。しばらく療養生活をしていることは知られていましたが、1月22日の誕生日を待たずに70歳で亡くなってしまいました。この名監督、名選手、名野球解説者、そして名市民の死去は日本中の人々に大きな悲しみをもたらしました。

王貞治氏や長嶋茂雄氏と違い、星野監督というと昭和の土の香りがするのが特徴です。なぜそうなのか。それは多分、彼が岡山出身で県立倉敷商業高校の卒業生であること、そして卒業後、早稲田大学への希望があったにもかかわらず倉敷商監督から「おれの母校の明大に行け」といわれて明治大に進学したという経緯も関係あるでしょう。

投手としてのめざましい活躍は誰も文句の挟みようがない。けれど、私を含め多くの日本人が最近の映像、あるいは最近の心象風景として知っているのは、監督としての活躍でしょう。プライドの高い投手、盛りを過ぎてもエース気分という気持ちの強い投手だった彼が、その後に選んだ監督生活こそ、日本中で有名な名将の足跡です。

楽天監督時代、監督通算1000勝記録を成し遂げた2012年5月11日、輝かしい業績だったけれど、その次の日にも勝ったので仙一（千一）という名前にちなんで、1001勝というのも結構な話題になりました。文字通りの「熱血監督」だったので時に鉄拳を振るって選手をぶん殴ってしまったとか、そんな話は彼の自著も含めてよく知られています。熱血漢ゆえに選手を愛し、チームを優勝させようと思えばつい鉄拳が飛ぶということだったのでしょう。

## 喜怒哀楽を隠さない表情が親しみの秘訣

「闘将」「燃える男」のイメージとは裏腹に人には本当に優しかったことも有名

です。1997年、今から約20年前、星野監督は妻と死別したとき、人目もはばからずに大粒の涙を流して悲しんだのです。また、地元のよく行く料理店で「星野監督」と呼ばれ、自分から「仙ちゃんと呼んでよ」と返したことを、死去したときにインタビューを受けた料理店の主人が涙ながらに懐かしんでいました。本当に庶民派だったのです。

地元岡山には常に愛情を持ち、ずっと支援を続けていました。著書の中で「私が怒るときは常に本気で怒る。叱るときは全身で叱る。自らの本性を隠したり抑えたりできないのは私の長所であり、短所でもあるが、少なくともスポーツマンの世界で発揚する理想だと考えている。時には怒鳴りあげ、壁を蹴り、灰皿を投げつけて怒る。私くらい怒っていることが周囲に丸分かりの監督もいないだろうね」と言うのです。**ガンガン怒っている。でも熱い愛情がある**。それは選手や多くのファンに知れ渡っていたのです。

彼のマスコミ露出度も本当に記録的で、カレーのCM、その他さまざまなテレビや雑誌のコマーシャルで星野監督の姿を見かけた人も多いでしょう。常に野球を愛し、野球がもっと世の中に知られるようマスコミに配慮し、きちんとマスコミ対応をして自らラジオやテレビ、新聞に喜んで出て、野球ファンの拡大に努めた監督だったのです。２０１４年に楽天監督を退いてからシニアアドバイザーに就任。しかし結局、病には勝てなかったのでしょう。

## 人なつっこさと厳しさの二面性が

星野さんがどんなに鉄拳を振るっても、厳しく大声で怒鳴っても、彼の悪口を言う人はいなかったのだと思います。まっすぐな気持ちで野球を愛し、投手として強く、監督としても強く、まさに優れた選ばれし者、一言でいえば野球エリートだったといえます。

しかし、東京のエリート監督とは何となく違う、親しみやすさと、土のにおいが彼の一番の自己表現の特徴だったと思われます。例えば芸能人との交流関係をみても、和田アキ子さん、明石家さんまさんなどと親交が深く、親しみのある庶民派の一面がよく分かります。

背も高く、顔のつくりもはっきりくっきりしていわゆる歌舞伎顔なので何の画面に出てもよく似合う。もうだいぶ昔の1993年に日本メガネベストドレッサー賞を取っているし、2003年にはスポーツ部門でベストドレッサー賞も取っている。

「勝ちたいんや」という愛嬌と闘志が丸出しの彼の口癖は2003年の流行語にもなりました。出身の倉敷市からは市民栄誉賞や市文化章も受けている。亡くなる1年前に野球殿堂入りを果たし、岡山県スポーツ特別顕彰も受賞。マスコミへの露出の多さ、そして単著の多さ。怒鳴ったり、ほえたり、みんなを励ましたり、やることなすこと全てがとても分かりやすかった監督。大した資産も地位もない多くの市民たちの希望の星として、今後も輝く存在として残っていくのでしょう。

王監督や長嶋監督に「貞ちゃん」とか「茂ちゃん」とかいう愛称がなかったことでも分かるように、「仙ちゃん」と呼ばれる彼の人柄は**人なつっこさと厳しさが、1人の人間のちょうど半分ずつを占めているような面白い二面性**があり、そこが本当に愛された理由なのだと思います。お高くとまらない、感情はストレートに噴出させる。こんな人がビジネスマンでも野球選手でも長く愛され、末永く記憶されるに違いありません。

**実践ポイント**

- **感情はストレートに表す。ガンガン怒る。そして愛する**
- **優しさもストレートに。愛するもののために広報を買って出る**
- **「○ちゃん」と呼ばれる親しみやすさを持て**

# 表情

第２章
感情と心理をうまく伝える
人を惹きつける「表情」

# 高田旭人

ジャパネットたかた社長

エリートから
2代目に
転身するための
3つの鍵

# カリスマ経営者の継承

カリスマ経営者は人一倍才能があり、情熱があり、能力があり、時の運も身に付けて成功を収める人がたくさんいます。例えばパナソニックの松下幸之助氏、ホンダの本田宗一郎氏、素晴らしい創業者を語るのに枚挙に暇がないでしょう。

そんな中で彼らが一様に悩むのは誰に継承するかということでしょう。2代目への継承で成功した会社はたくさんありますが、分かりやすい例として社団法人パフォーマンス教育協会最高アドバイザーを務めて頂いている「ジャパネットたかた」の高田明氏と長男、旭人（あきと）氏がいます。

高い声でユーザー第一のポリシーのもと、例えばテレビを売るときは「扱うボタンが少ないからいいですよ」とターゲットの年齢に合わせた分かりやすい言葉を選んでニーズをしっかりつかむ高田明氏の声を知らない人は珍しいでしょう。

常に、「血縁だからといってその人を継承者にするわけではない。高田旭人を選んだのは彼がもっともこの仕事を熟知していて、能力が高い人間だったからだ」。そう話したり、著書に書いたりしている高田氏。名経営者、名ＭＣである父がバトンを譲った相手はどんな人なのか誰しも気になるところです。

## 笑顔でインテリっぽさを払拭する

１９７９年生まれの40歳。東大卒業後、野村証券に入社。２００２年から1年間武者修行してジャパネットに入社。その中でめきめきと頭角を現し、時には父との競争に勝ってしまう。社長を継承したのは２０１５年でした。２０１４年の売り上げが１５３８億円だったのに対し、２０１５年は１５５９億円、２０１７年には１９２９億円にまで伸ばしています。父の人選が正しかったことを売り上げが証明しているということでしょう。

私は社長就任前に旭人氏に会ったことがあります。東大出のインテリで理屈っぽい人だろうと思いきや、**穏やかでニコニコとしていて周囲への労いや敬意の言葉を忘れません**。なんと人格の練られた人なのかとびっくりしました。旭人氏は父の手法とは違った形でＩＴを駆使して社員の心をつかみ、若い社員のチーム力を養成しながら売り上げを伸ばしています。

同じようにカリスマ経営者が２代目に継承して成功した例としては衛生用品大手「ユニ・チャーム」の高原豪久氏がいます。彼もまた２００１年の社長就任から、驚くような速度で売り上げを伸ばしています。長女に譲った例として目立つのが日用品大手「エステー」の鈴木貴子社長でしょう。彼女もまた父親が２０１２年３月、４６３億円だった売り上げを社長になってから４７０億円にまで伸ばし、２０１８年は４８６億円を売り上げています。ニコニコしながら「社員には命令調よりも祈る気持ちで接しています」と公言しています。

## 父を尊敬しつつ越えていく

こう見てくると、創業家2代目社長で成功した継承条件には3つの点があることが分かります。第1に2代目が素直な性格であり、周囲の人をまとめようと努力していること。2つ目は仕事の実力があること。3つ目は創業者である父を尊敬しながらも独自の手法を追加できていること。

あまり良くない例として周知されてしまったのが大塚家具ですが、「父への尊敬心があること」という条件の有無を考えれば納得できるかもしれません。カリスマ経営者が2代目の継承を成功させるためには、以上の3つの条件を備えていることを確かめることが大切なようです。

**実践ポイント**

- ２代目は素直な性格であれ、周囲の人をまとめようと努力せよ
- ２代目は仕事の実力を付けよ
- ２代目は創業者である父を尊敬しながら独自の手法を追加せよ

# 宮川泰介

日本大学アメリカンフットボール部選手

## 信頼できる表情と目線 大人が見習うべき誠意の見せ方

©共同通信社

# 表情と視線が誠意を表す

当時たった20歳の青年が勇気を出して記者会見をしたことで全てが明らかになりました。２０１８年5月に行われた日本大学と関西学院大学のアメリカンフットボール部の定期試合における暴力的反則のことです。子供を持つ親あるいは教育に関わる人、大学生、日本中の人たちが憤然とし、怒り心頭という状態。ただ、感情的に怒っていても始まりません。私も日大芸術学部で14年間教鞭を執った人間として明快に考えてみたいと思います。

トップが安定して長年にわたり、集団を率いていること自体は、一般にはいいことです。安倍晋三政権も以前の政権より長続きしているのでたくさんの政策が実行できています。しかし、問題があると膿がなかなか出てこない現実もあります。

日大では理事長のもとに理事会があり、そして評議員会があります。学生数と教職員数は文字通り日本一の規模です。校歌の中に「国の名負いて」という一節が入っています。

ところが、アメフト部では内田正人前監督が、絶対権力を握っていました。「内田前監督が黒と言えば黒」「どんな理不尽でも『はい』といって実行するのがおきて」という関係者の証言があるそうです。学生はびくびくしながら一生懸命、関東学連の聴取に応じたのです。大変な勇気です。

それに比べ、トップは何と無様でしょう。井上奨前コーチが試合前日に「1プレー目で潰せば（試合に）出してやる」と反則行為を行った宮川泰介選手に言ったそうです。その後の記者会見で説明を求められた井上前コーチは「『潰せ』は思い切りやれという意味でケガをさせろという意図ではない」と言い逃れています。内田前監督は指示したこと自体を否定しています。

宮川選手が開いた記者会見の映像をつぶさに見た結果、コーチも監督も大嘘つきで宮川選手の言っていることが正しいと、**彼の顔の表情と視線の動き方で自信を持ちました。**彼は話す前に目をぎゅっと固くつぶって決心し、鍛え上げた肩で大きく息をしてから、やっと話し始めたのです。視線には覚悟した人間の落ち着きがありました。

そして監督との関係について質問が出た瞬間、彼は一瞬言葉を止めました。相当に考えあぐねて言葉を選んだ上で「監督といつも会っているわけではないので信頼できないかは、分かりません」と答えたのです。嘘でこんな表情や視線ができるはずがありません。この会見で権力に決然と立ち向かう若者の姿を見て、「うちにも同じ年頃の子供がいるので涙が出た」という人が私の周囲にもいます。

一方、井上前コーチの発言は一から十まで監督への遠慮ばかり。内田前監督は反則が起きた瞬間、耳に付けていたインカムが外れて落ちたので下を向いていたと言ったのです。

ところが関東学連が画像を見ると内田前監督はこの反則プレーのシーンにアイコンタクトしています。人事権を握る常務理事である内田前監督に井上前コーチたちも逆らうことはできなかったのでしょう。

アメフト部の学生たちは「許されるものならば一緒に早く試合をしたい」「手助けできなかった私たちの責任はとても重い」という声明文を発表しました。本人も学生仲間も反省しているのに反省しないのは大人だけ。そんな話があるでしょうか。

私自身もある女性教授による社会人女子大学生へのアカハラ（アカデミックハラスメント）に向き合ったことがあります。教授会で女性教授に謝罪文を出してほしいと言ったのですが、「この件から手を引いてほしい」と断られました。本当にほしかったのは謝罪の言葉でしたが、結局、私が友人の弁護士を紹介しました。

宮川選手は氷山の一角にメスを入れてくれました。青春時代の若者を預かる大切な組織で一切の不正は許されません。内田前監督が心を込めて謝罪し、宮川選手をかばっていれば、ここまでブランドイメージの低下につながっていなかったかもしれない。逆に、これを機に世間がアカハラやパワハラについて真剣に考え始めたことを思うと、日本にとって必要な出来事だったのかもしれません。

**実践ポイント**

- **権力と闘う姿勢は評価される**
- **誠意を見せるときは視線と表情で**
- **嘘をついても必ずばれると心得よ**

# 白石康次郎

海洋冒険家

## 世界一過酷なヨットレースに出場した男の運を上げる笑顔の力

# 笑顔で運を上げる

2016年11月、世界一過酷な単独、無寄港、無補給での世界一周ヨットレース「バンデ・グローブ」にアジア人として初めて出場した白石康次郎さん。結果はマストが折れる事故に見舞われ、途中棄権でしたが、次の2020年大会出場を今も目指しています。世界を回るヨットレースだったら今までも何人かの人が挑戦したことがあります。でも、このバンデ・グローブに挑戦した競技者はわずか70人。宇宙へ行った宇宙飛行士よりも少ない。そんなことを知っている人が何人いるでしょうか。フランスのバンデ県の港を30挺が一斉にスタートし、エンジンを使わず風だけを動力にして南半球経由で世界一周する。当然、赤道直下も通らなければなりません。

白石さんの特徴の第1は「運を上げる」ということです。これは本人が言っていることです。無一文でスポンサーもない、コネもなく、知名度もない。それなのに彼はヨットで世界を一周しようと決心しました。その道のりを時々、テレビなどで見てきましたが、見れば見るほど自分で運を持ち上げないと、どうにもならないということがよく分かります。本人も「この競技は運の割合が2割だ」と言っているのです。

では、運を上げるにはどうすればいいのかと誰しも質問するでしょう。それに対する答えが面白いのです。それは**「機嫌を良くしておく。明るく元気で優しくしておく」**と言うのです。実際、彼はいつも笑顔です。写真で見ると右頬に小さなえくぼができます。インタビュー番組を見ても実によく「あはは、あはは」と笑います。

そんな顔で「世界一周したい」と言うのだから、「では応援しよう」となるのでしょう。みんな、自分が果たせぬ夢を彼が代行してくれるような気持ちになり、「では、われわれみんなの代表選手でやってくださいよ。お金は何とかみんなで集めるから」となるのに違いありません。

何か頼むときに深刻な顔で「もうこれがないとやっていけないのでぜひ助けて下さい」と頭を下げるのも、もちろん人へのものの頼み方の1つの手でしょう。でも、とても嬉しそうな顔をして「これをやりたいんだ」と訴えかけられるのも「ではこの人を助けてやろう」と思う大きなきっかけになります。それは誰だって、生きていくことを望み、生き生きとしたパワーが顔に出ている人が好きだからです。

実際には、世界一周の途中でまったく風がなくなり何日も同じ場所に留まったり、思わぬ嵐でケガをし、自分の舌を自分で縫ったこともあったりするとのこと。そのために簡単な手術道具をいつも持っているというのです。もし、これらのことを文字だけで書いたらとても深刻なことです。でも、彼の口や顔を通すと何でも楽しい冒険に見えるから、そこが不思議なのです。聞いている人に「仲間入りをしよう。運気を分けてもらおう」と思わせるのに違いありません。

## 一種の信仰心を持つ

大きなことをする人は、いつも小さな努力を積み重ねています。高校生で故・多田雄幸さんに弟子入りしたときも、彼は一生懸命に誠実に学びました。けれど、どことなしにそれが現実離れした神の世界と交信しているところがあるのです。

その一例として、ある新聞のインタビューで彼はこう語っています。鎌倉で開かれた仏教やキリスト教などの集まりに参加したとき、ある先生が「皆さん、神に祈るんじゃないですよ。神を祈るんですよ」と言ったとのこと。彼は感動したそうです。神様に「あれをやってください、これをやってください」と頼むのではなく、「神を祈る」という。つまり、仏様と同じようにしていること。「**いつも笑顔で人に優しく接していたら、それは全部うまく行くんじゃないかと思った**」というのです。

これは聖書の中にもヒントがあります。神はご自身の姿に似せて人をつくられたというのです。仏教でも「和顔愛語（わげんあいご）」といい、優しい顔と優しい言葉を大切にせよという教えがありますが、キリスト教にもあるわけです。いい顔をして、神様が振る舞うと思われる行いを自分も振る舞うのです。そうすればいいことがあるよという彼の解釈は非常にシンプルですが、きっと真実なのでしょう。

マザー・テレサについても言及しています。「マザー・テレサが『神は結果を望んでいません。挑戦を望んでいるんです』と言っているのが好きだ」というのです。マザー・テレサはシスターなのに大きな病院を建てようと実際に巨額の寄付を集めることができた人です。偉大なシスターにして、偉大なビジネスウーマンでもあったわけです。それは彼女がさまざまな宗教や人種を超えて、出来ないだろうと思われた病院づくりや、出来ないだろうと思われた宗教を超えた人々の受け入れに挑戦しているので、見ている方が何だかスカッとして「すごいな」と共感するのです。言ってみれば、マザー・テレサの信仰は冒険であり、挑戦なのです。その姿がマザー・テレサの本を何冊か読めばひしひしと伝わってきます。

## 日々の積み重ね

「ローマは1日にしてならず」。冒険家は冒険に成功したとき、猛烈な脚光を浴びます。でも、その前にコツコツ細かいトレーニングをしています。白石さんだって結局、高校生以来30年の夢を50歳になろうというときに実現するわけですから。「Rome was not built in a day」。茨の道をコツコツ進んだ人が手にする栄冠がバンデ・グローブへの初挑戦。そして、そこに彼の「運を上げる」という(一口にそう呼ぶのも変なのですが)「強い信仰心の一種」があるから、みんなもこの船に一緒に乗りたいと思い、支援を惜しまないのでしょう。私も一生懸命見ています。ビジネスで成功しようと思ったらまずはこの努力と信念が大切なのではないでしょうか。

**実践ポイント**

- 常に明るく元気に笑顔でいれば運が上がる
- 「神が振る舞うのと同じように振る舞う」と強く信じる
- 「ローマは1日にしてならず」を体現せよ

# 第3章
# ビジョンと意志で共感を生む人を惹きつける

# 小泉進次郎

衆議院議員

「私は客寄せパンダ」？
大衆の心をつかむ
コンシート話法

## ご当地ネタで関係性に「橋」をかける

営業先で、あるいは各種交流会などで初対面の相手とぱっと気持ちをつなげて、結果、自分の話をよく聞いてもらう人がいます。このときのつなぎのテクニックが「ブリッジング技法」です。これから東京都議選も始まります。そんなとき、候補者は行った先で素早く相手の心につながる必要があります。例えば行った先で、**その土地の人々と自分との間に橋を架け、「なんと身近な人だろう」と思わせていくテクニック**は、パフォーマンス学では「ご当地ネタのブリッジング効果」と呼びます。

小泉進次郎氏は、1981年生まれの現在38歳。小泉又次郎・小泉純也・小泉純一郎を、曾祖父・祖父・父に持つ4代目政治家です。彼は、2006年にコロンビア大学大学院で政治学修士号を取得した、れっきとした「アイビー・リーガー」でもあります。

しかし、そんな「コロンビア風」や「御曹司風」を吹かせたのでは、聴衆の心は瞬く間に彼から離れていくでしょう。いや、宣伝カーの上に立ったときにいくら美貌があっても、聴衆は聞く耳を持たないでしょう。「自分とは違う世界の人だ」と、むしろ反発となって返ってくるだけです。

そこを、この秀才は一番知っているのです。例えば、2010年6月の大分県湯布院での演説。湯布院は霧の多いところです。そこでの出だしはこうでした。

「湯布院とかけて、何と説く?」

「はい、整いました」

「湯布院とかけて、自民党と説く」

「そのココロは?」

「先が見えない」

これで湯布院の人はドッと笑い、しかも自身の所属する自民党を笑いの材料にしたのですから、さてその先は何を話すのかと、もうここで聴衆参加が始まっています。

このご当地ネタは、ときには歴史上の人物、あるいは特産物、その土地の名前と、何でも手当たり次第、材料にして使います。例えば、同じく6月の甲府駅での演説はこうでした。

「武田信玄は『甲斐の虎』でしたね。私は自民党の『客寄せパンダ』でございます」。これで武田信玄びいきの甲斐人は、一気に彼との間に橋がかりができてしまったのです。

もっと面白かったのは、物を利用した自己表現、パフォーマンス学における「オブジェクティクスのブリッジング技法」の最たるものでした。

それは、「ポンジュース」でした。愛媛県での応援演説で「実は今日は演説のために『マイマイク』を持ってきました」とポケットから出したのは、愛媛のポンジュース。ポンと栓を抜いて、上を向いてグイグイと飲み干し、「うまい!」と言ったのです。これで愛媛の人々からドッと拍手が出て、ここでまた距離が縮まり、しかも彼は拍手の間は次の言葉を発しません。拍手に対して、「ありがとう、皆さん」と言ってからタイミングを計って話し出す、という心憎さです。

比較するにはあまりにおこがましいとはいえ、私もあちこちで講演を頼まれると、必ずその土地の風景や歴史、名物を調べ、特徴的な言葉を第一声に入れます。そうすると、静かになっていた会場が一気に和み、演者との距離が縮まるのです。

つい最近では、福島市で講演した際のテーマが、時代変化を即座にとらえつつも、会社や組織の根底ビジョンは変えないという意味での「不易流行(ふえきりゅうこう)」でした。この言葉の主は、あの松尾芭蕉です。三重県出身ですが代表作『奥の細道』では、元禄2年(1689)5月1日に福島を訪ね、そして9日にあの有名な「松島やああ松島や　松島や」となる。そこで、この話をすると一気に福島の人が乗ってきました。

各地に出張する会社員にとっても、学ぶべきブリッジング効果です。

## 話に落差をつけるコンシート話法

思いがけないたとえ話をぱっと言い、**天と地のように落差をつけて、まったくその逆を突いてくる。それが「演説の意外性の効果」**です。進次郎氏の第2の手は、この「コンシート話法」です。埼玉県の応援演説で、彼はこう言ったのです。

「皆さん、自民党はね、石頭です。頭は堅い、若い人の意見なんて聞かない、そういう党だと思っていたんです」

ここで人々は「そうだ、そうだ」とこの悪口に納得。すると次の瞬間。

「ところが、違ったんです。『若い人はどう思うの？』とベテランが聞いてくる。

若い人の意見を聞いてくる自民党には未来があるのです」「ああ、なんだ、そうだったのか」となる。この場合は、徹底的に下げておいて次に急に上げる、という手法を使いました。これがコンシート話法の典型です。

甲府駅の演説でも同様です。「私は人寄せパンダと呼ばれています。私は人寄せパンダで結構です」。「え？　結構だって？　その程度の飾りものなのか？」と思わせておいて、論理的にグサリとくるのです。

ここですっと指を上げて1を示し、「本日、お話したいことは2点です」「第1は、自民党と民主党の違い。第2は、政治は何のためにあるかということです」。「人寄せパンダ」で自分をパンダにたとえて笑わせ、次は政治の本質論を「2点ある」と、箇条書きの言い方で、襟を正してフォーマルに聞かせる。これもまた、コンシート話法の効果です。

読者のみなさんも、出会いの一瞬は和やかに笑顔でブリッジングをして、楽しく、明るく、軽めの話題で入り、次の瞬間に顔を引きしめ、背筋を伸ばし直して、相手にグッと真剣なアイコンタクトをとって「さて本日お話したいポイントは…」と切り替えてみましょう。このギャップがいいのです。

「conceit」はもともと「うぬぼれ」「奇抜な比喩」を指していますが、この意識の上下が大きく開いてしまう感覚や奇抜な思いつきに、聞いている人が「エッ」と耳目をそばだてます。その隙にパッと相手の心の中に飛び込んでしまう。大衆感覚を上手に扱うには、日々練習が必要です。

**実践ポイント**

- **ご当地ネタで聴衆との間に橋をかけよ**
- **落差を付ける「コンシート話法」で注意を喚起せよ**

©共同通信社

# 大坂なおみ

プロテニスプレーヤー

## 世界から好かれる謙虚な言葉

# 大きな成果を出しても謙虚さは忘れない

２０１８年8月から行われたテニス全米オープン決勝で、わずか20歳の大坂なおみ選手がセリーナ・ウィリアムズに６－２、６－４で勝ち、日本人としてグランドスラム初制覇を果たしました。この日は世界中が、なおみファンになったことでしょう。開催中の東レ・パンパシフィック・オープンでも、さらなる活躍が期待できそうです。

ところで大坂選手は毎回、「なおみ語録」として残るくらい、プレーとともに心に響く言葉を残してきました。そもそもテニス四大大会シングルスでの日本人選手の成績は、２０１４年全米オープンで準優勝した錦織圭選手が最高位です。優勝自体がものすごいことですが、大坂選手はプレー以外でもテニスファンの心をとらえました。

彼女が好かれる理由を、全米オープン決勝でのプレーとインタビューに注目して見てみましょう。

まず私がテレビで見て目を奪われたのは、コートに現れたセリーナの、右肩を露出したワンショルダーのようなテニスウエア姿。まるでパーティードレスの丈を短くしたような「すごいファッションだ」と思いました。よく見るとフィギュアスケート選手と同じように右肩の布の色が肌色に近いので、遠目だと左のワンショルダーに見えるのです。

身体にフィットしつつ、プレー中にスカートの裾がパッと開くドレスのようなファッションなので、登場からしてすでに女王らしい雰囲気を漂わせています。一方の大坂選手は練習場からそのまま来たかのようなテニスウエアでしたが、戦いぶりでどちらが女王だったのかは、はっきり結果が出ました。

一番驚くのは大阪選手の平静さ（serenity）です。会場中を包むワァワァ、ゴーゴーという猛烈な声援の大部分は、セリーナがさらに記録を伸ばすのを応援しようという声です。その中で「観客は観客、自分は自分、コートに上がったら別の人」といつも言うように冷静にプレーができたのです。

セリーナは途中で主審に向かい、大きな口を開け、「ポインティング」という右手人さし指を突き出した動作をし、「私からポイントを盗むなんて」と言わんばかりに「この泥棒！」と叫びました。しかも思い通りのプレーができない不満から、ラケットを地面に投げつけて折り曲げてしまった……。こんな大荒れの選手を前にして冷静にプレーできる大坂選手が、まだ20歳とはとても思えません。

優勝後のインタビューも見事でした。「やったぜ」とか「すごい」と叫んだり、同じ日に男子シングルスで優勝したノバク・ジョコビッチがコートに大の字になって喜びを爆発させたりとは対照的に、**大坂選手が真っ先に口に出した言葉は**

**「こんな結果になってごめんなさい」**。まったく思いがけない言葉に、ブーイングを飛ばしていた聴衆はノックアウトさせられました。

何と謙虚。これが20歳の口から出る言葉かと仰天したものです。

セリーナは最後に大坂選手を抱き寄せました。大坂選手は鼻をすすりながら思わず涙顔になり、なぜかと聞かれると「ずっとセリーナに憧れていたから」「私の好きなセリーナには変わりない」と言ったのです。しかも、セリーナの大荒れについて聞かれたときの答えは「コートで何が起きたか私は知らない」。

人の悪口を言わせるような意地悪な誘導質問にも「それはよく考えないと分からない」と、大坂選手はつられませんでした。沈黙時間を怖がらず、いざ口から言葉が出ても誰も傷つけない…。そんな受け答えなので、ファンがどんどん増えるのです。

私たちが大坂選手から学ぶことが3つあります。1つ目は自分の強さを誇るよりも謙虚さが表れるインタビューができること。2つ目は聴衆がどんなにブーイングをしても自分の仕事は別だと割り切れること。3つ目は勝ってもなお、これからも応援してくださいと誠実に出られること。

テニスのやり方だけでなく大坂選手の自己表現から多くのことを学びたいところです。

**実践ポイント**

- **謙虚さを表せる受け答えをせよ**
- **周りの状況に流されないタフな精神力を**
- **勝った後こそ本当の自分が表れると心得よ**

# 小池百合子

東京都知事

## 3つの「シティ」に隠された謎とは？分かりやすいワードを使いこなせ

# 覚えられる言葉は3つまでと心得る

小池百合子都知事が就任前の選挙演説中、さかんにキャッチフレーズを連発し、しかもそのフレーズが耳で聞いてすぐに覚えられるので、人々の口にのぼったことをご記憶でしょうか。私が某新聞社の取材で彼女に付けたあだ名が、〝マダム・キャッチー〟でした。キャッチー、つまり、人の心をつかむ。

例えば、「3つのシティを実現します」と言って彼女が連呼したのは、「スマート・シティ」、「セーフ・シティ」、「ダイバーシティ」の3つでした。なるほどカタカナで書けば3つとも「シティ」です。スマート・シティは高機能で情報技術が進んだ先進都市、セーフ・シティは文字通り、女性が夜でも歩ける安全な街。しかし、ダイバーシティとなれば、スペリングは「diversity」。つまり「多様性」となり、女性活用とか外国人も働けるとかいう意味でのダイバーシティで、他の「街」を示す「シティ」とは意味が異なります。

しかし、「シティ」という音がそろっているだけで暗記しやすいことは事実です。しかも、これはギリシャ時代のアリストテレスの弁論術の時代からそうですが、耳で聞いて人が暗記しやすい数は、ほぼ3つまでと相場が決まっています。スマート・シティ、セーフ・シティ、ダイバーシティも3個です。このくらいだと分かりやすいわけです。

## 言葉だけでなく「声」の効果も意識する

さらに、彼女の周辺言語（パラランゲージ）の使い方は抜群です。さすがマスコミ出身。マイクがあるときとないとき、会場の大小などに合わせてスピードと声のボリュームを変えています。周辺言語とは声にまつわる一切の音声要素のことです。つまり、スピード、ボリューム、間の取り方、イントネーション、声の高低のことです。たくさん人がいる場所では速度をゆっくりにし、ボリュームを上げます。そして、「みなさん」と一声かけて手を振ったり、視線を左右まんべんなく会場に向けたりして、にっこりしてから、また次の言葉を口に出していくわけです。

会議室や記者会見でこんなことをやっていたら、「さっさと答えてくださいよ」と欲求不満が募ります。そこにいる人数が多かったり、会場が大きかったりすれば声を大きくし、話のスピードを遅くする。会場が小さく人数が少ないところではこの逆です。そうやってキャッチーな単語を繰り返していくと、聞いた人はついそれを暗記します。

近年、もっとも有名だった人のキャッチーで暗記できた言葉は、アメリカのオバマ大統領が大統領選で使った「チェンジ」でしょう。この言葉は分かりやすいので、焼鳥屋でもみんなが「おい、チェンジ」「チェンジ」と言い合ったのでした。耳から入って暗記できる言葉をまず使っていくのが、人を動かす伝え方の入口です。

## 感情に訴える技法

もう1つ、小池氏の技法に「ブリッジング（橋かけ）」という技術があります。例えば、下町に行くと彼女は理論より感情に訴える話の組み立て方に直ちに切り替えます。そして「私はまったく支持基盤を持っていません。大きな組織のバックアップを受けていないのです。だから、本当にみなさんが頼りです」と一人ずつの顔に視線を止めて話をします。そして、一人ずつ握手して「みなさん、お一人お一人の力が、私を一段一段と上へ押し上げてくれるのです」。この場合、一人という言葉と一段という言葉がリズミカルに繰り返されます。

これを聞いた人は「私が頑張らなきゃ」と擁護欲求をかき立てられるわけです。中には涙を目に一杯溜めて「私がついているからね」と小池さんの肩をポンポンと叩いた中年のご婦人もいました。これを周りで見ていた人たちが「そうだ」

「そうだ」と女性陣だけで声をあげるのだから、まさに壮観です。

**人を動かすのは論理ではなく感情に訴えること**。それがポイントです。

**実践ポイント**

- **音をそろえる、３個の原則を使うなどして覚えやすいフレーズを使え**
- **状況に合わせて声の大きさやスピードを使い分けよ**
- **一人一人の感情に訴える「ブリッジング（橋かけ）」を意識せよ**

# 貴乃花光司

元横綱

## 求められればどこへでもの姿勢

# 彗星のように現れたスター

私と同じくらいの年代の人たちは、ほぼ全員が若貴時代の元横綱、貴乃花親方の華々しさを記憶しています。父の元大関貴ノ花で故花田満氏も長身で相撲取りにしてはスリムでかっこいいアクションスターのような体形でした。その上、くっきりとしたハンサムなマスク。当然、女性たちが放っておきません。元大関貴ノ花が1982年に設立した藤島部屋で、長男の若花田（若乃花）、次男の貴花田（貴乃花）兄弟を始め、大関貴ノ浪や関脇の安芸乃島、貴闘力などの関取を育て上げて超一流の部屋として一世を風靡（ふうび）しました。

この藤島親方が1993年、11代二子山を襲名するとともに二子山部屋と藤島部屋が合併。これにより二子山部屋は幕内10人を含む総勢50人の大所帯となりました。泣く子も黙る二子山部屋というわけで、タニマチもたくさんいてお金もふんだんにあり、横綱の若乃花や貴乃花の人気もあり、その頃の羽子板は若貴ばかりというわけです。そして次男の貴乃花が横綱に昇進し、若乃花が横綱に昇進します。その後、貴乃花引退の翌年２０１４年に貴乃花部屋が誕生したわけです。

しかし、貴乃花部屋といっても父親が若貴時代を築いたほどの目立った力士はおらず、当時10人ほどの力士が在籍していた中で、モンゴル出身の貴ノ岩が新十両に昇進したことで、貴乃花親方が部屋を継承してから入門した力士としては初の関取が誕生したわけです。こうして貴乃花親方の来し方を見てくるとさまざまなことが分かってきます。

## 本音は部屋の勢力復活?

まず貴乃花親方という一人の人間についてです。兄の若乃花が誠実でぽっちゃり体形でいかにも横綱というのに対し、どちらかというとボクシングやレスリングに近いスリムで彫りの深い顔立ちで女性の人気は抜群、おまけに結婚したのは元アナウンサーの景子さんでした。そんなことで貴乃花親方は常に世間の脚光を浴びてきたわけです。そもそも1992年に19歳で幕内優勝したときから注目されっぱなしでした。

しかし、自分の部屋には大スターがおらず、唯一活躍しているのが、モンゴル出身の貴ノ岩関。どんどん注目されて勝ってもらうことが一番大事なことです。さて注目を集めるにはどうすればいいのか。ここは誰だって頭を使うところです。

そんな中で一連のモンゴル力士たちの集団行動があり、貴ノ岩関が話し中に携帯電話を操作しているからといって横綱日馬富士関が暴力を振るったというのです。その直前には横綱白鵬関が説教していたとの話もあり、言ってみれば白鵬関も日馬富士関と一蓮托生(いちれんたくしょう)でしょう。

その中で医者の診断書まで添えて警察に被害届を提出し、被害者側となった貴乃花親方。もちろん暴力には誰でも反対ですが、横綱貴乃花から貴乃花親方に至る長い歴史の中で、今ここで正義感という建前もあるのでしょうけど、本音は注目あるいは部屋の勢力復活ということに望みをかけていたのかもしれません。

いろいろなことが貴乃花部屋にありました。2016年6月、東京・両国国技館への移動時間を減らすために藤島部屋がもともとあった中野区から江東区に貴乃花部屋を移転し、夏に土俵開きを行いました。そこで貴乃花親方自身は弟子たちに付きっきりで泊まり込みで指導していました。

親方として熱心であり、時代感覚も持っていて、相撲が今までのような数少ないタニマチの支援によるのではなく、もっと多くの人から支援されるために広く浅くたくさんのファンをつくらないといけない。力士も近い部屋から通い、貴ノ岩を始めとするスターをたくさんつくらないといけない。こんなふうに考えていたに違いありません。

## 庶民に受け入れられない「だんまり」

昔、父親の元大関貴ノ花関にスキャンダルが浮上したときは、「頑張って二子山部屋を元気にして下さい」などと日本中が貴ノ花の味方をして声援を送ったのでした。しかし、その次男である貴乃花親方に対しては同じような庶民の声援は集まっていないように思えます。

日本相撲協会から危機管理部長の鏡山親方が雨の日にも日参して「事情聴取に応じてほしい」と呼びかけているのに、貴乃花親方は「捜査が終わるまでは」という条件付きで一切公の場で発言しない。

相撲の世界というのは一般庶民には分かりにくいところがありますが、**説明を求められればどこへでも出てやる、どんどん説明してやるぞ**というくらいの度胸や一本気があってほしいところです。

白鵬関が、軍配を振るった行司に「勝負は成立していない」と土俵外で右手を挙げたまま何十秒間も抗議を続ける行動がありましたが、本来の心技体そろっている横綱相撲の本筋からは、やや外れているようにも思えます。稀勢の里関の活躍でいったん日本流横綱相撲の王道が復活したと思いきや、稀勢の里関の休場とともに今度はこんな一連の日本人対モンゴル人のような不思議な騒動が起きてしまい、貴乃花親方の動向がますます注目されました。

どんなに自己顕示欲求があろうが、長い間、全て満たされていた貴乃花親方とすれば、心理学的に言えば、その言動が庶民には真っすぐに受け取られないこともまた確かなことなのです。

**実践ポイント**

- **自己顕示欲を抑えるのも風格あるトップの仕事**
- **庶民に真っすぐに受け取られる言動を**

# 林文子

横浜市長

「仕事ができる女」
それは褒めまくる
そして1秒弱の沈黙

# 「すぐ決める」が大切

横浜市長の林文子氏が２０１７年7月、念願の３選を果たしました。ご報告しますと、私は林さんの名誉後援会長であり、かつ林さんは私が理事長をしている「社団法人パフォーマンス教育協会」の理事です。これを引き受けるからあれをやって、ということで本当にバリバリのキャリアウーマンの林さんだけあって、市長になってすぐにそういうことに決まりました。

決断は女の知恵。経済系雑誌主催の講演会で講師をしたときに、控室で初めて林さんとお会いしました。私たちは雑誌の同じページに載っていたりして、互いをよく知っていましたが、会うのは初めてでした。そこでいきなり言われたのが「あなた、私の『あやの会』の名誉後援会長になってよ」だったのです。

「ほい、来た。引き受けました」と私は即決。「私の協会の理事になってくださいい」とすぐに言い返したら、「後で誰かと相談してから」という返事が来るかと思いきや、「分かったわよ」。これでこの日は解散です。

その3日後に秘書から電話があり「お受けします」とのこと。女の底力はこの決断でしょう。以前、稲田朋美氏が防衛相を辞職するタイミングをずるずると逃した結果、防衛省幹部を巻き添えにしたときとは正反対です。

林さんはビジネスで修羅場をくぐっているから、ぐずぐずなのが嫌いだし、そういう人とは付き合わないのです。

林さんのエピソードはとても面白いものばかりです。簡単にご紹介していきましょう。1965年に都立青山高校を卒業してすぐに東洋レーヨン（現東レ）に就職。その後、松下電器産業（現パナソニック）、ホンダオート横浜へ。

ホンダに勤続10年、素晴らしい営業実績をあげていたけれど、本人はどうしても高級車を売りたくなり、BMWに自ら「雇ってください」と電話しました。しかし、あっさり断られ、それでも諦めず高級車を売るやり方をリポートにまとめて送り続け、それが経営陣の目にとまり、ＢＭＷへ。

１９９３年には新宿支店長になり、女性初の支店長が誕生します。入社1年間で売り上げ台数が2位になったというので男性も顔負けです。

その後、１９９９年にファーレン東京（現在のフォルクスワーゲン東京）の代表取締役社長、２００３年にＢＭＷ東京の代表取締役社長、そして例のダイエー危機でダイエーに誘われて会長兼ＣＥＯになり、２００８年、東京日産自動車販売社長に就任し、62歳。そのときに市長選に誘われたのでした。

さすがの彼女も後になって「あの日はね、２日間迷ったのよ」と言っていました。お嬢さんが「やってみればいいいんじゃない」と言ったのが引き金になったとか。そうは言っても彼女の即断即決という性格からすれば、もしお嬢さんが止めても市長選に出たことでしょう。当選したのは２００９年。この年に初めてお会いしたわけです。あれから10年が経ちましたが、いよいよ3選。この即断即決行動は今でも変わっていないのが面白いのです。

## 褒めた後の「間」を使う

林さんの物の言い方には大きな特徴があります。まず市役所に入ったときがそうでした。市の仕事をほとんど知らないわけですから、職員たちに教えてもらわらないと進みません。しかし、職員たちはBMW東京や東京日産自動車販売の社長をしたキャリアウーマンが乗り込んでくるということで当然、身構えています。

そこで褒めまくるわけです。「みなさんは素晴らしい。本当によくやっている。夜中の2時まで電気がついているなんて横浜市役所だけですよ」と、こんな具合です。そのあと、ほんの1秒弱のポーズがあります。これが怖い。

その後で「ところでみなさん、もっとスピーディに仕事をしましょう」とこう来るわけです。何度この言い方を聞いたことでしょう。「皆さんは本当に素晴らしい。皆さんなくして私の仕事は成り立たない。そして、みなさん(一瞬の間)

……」。**こんな風に一回褒められているので次の提案を聞きやすくなっています。**

そしてデータで迫ってくる。1期目に横浜の待機児童をゼロにしたのも日本中に「横浜スタイル」として有名になりました。カジノを含む統合型リゾート施設(IR)の誘致を提案したときも、「え、横浜にカジノだって？」と賛否両論でこれまた注目されました。そのたびに彼女は切り抜けています。

読者のみなさん、みなさんは素晴らしい。そしてみなさん、もう少しスピードをあげてみませんか？　という言い方をまねしてみませんか。

**実践ポイント**

- **即断即決の人であれ**
- **粘り強い熱意が扉を開く**
- **人を動かしたければ褒めておだてて、そして「提案」せよ**

# 蓮舫

元民進党代表

## モノ言いだけ派手なしくじり政治家に学ぶ実践ポイント

# 自分と他者の評価を誤らない

「蓮舫」という素晴らしい名前の政治家がいます。泥沼の中に咲いた蓮をイメージして付けたといわれますが、これは本人の説明です。この蓮舫氏を「政治家」と見るか、「タレント」が政治をやっていると見るか、そこは見る人によって大きく評価が分かれるところでしょう。

政治家になった２００４年7月、民主党から第20回参院選に出馬して当選した蓮舫氏。当時、はやっていたマニフェストを「ママフェスト」と称して子育て経験を背景に少子化対策を訴えたところまでは威勢がとても良かった人です。

しかし、それからやることなすことタレントさんがテレビの前で視聴者からの注目を得たくてやっているのではないかと思われがちな言動が多いのです。

２００９年、『必殺仕掛人』を連想したのかどうか、「仕分け人」という言葉が流行しました。無駄な予算を削るためにさまざまな分野の経費を削減したのですが、そのとき、最も目立ったのがこの人です。スーパーコンピューターの研究開発に関して「世界一になる理由は何があるんでしょうか？　２位じゃダメなんでしょうか？」という不思議な言葉を使って一気にマスコミの話題になりました。

この不思議な言い方についてはさっそく多くのノーベル賞研究者が集まって「1位を目指すから2位になれるのであって、最初から2位じゃダメなのかという研究を目指してはいない」と大いに逆襲されました。

素人の私でさえも子供の議論ではあるまいし、と非常に不愉快に思ったものです。その直後でした。２０１０年、「ＶＯＧＵＥ　ＮＩＰＰＯＮ」11月号の１５６～１６１ページを見た私は「えっ」と目を疑いました。そこに国会議事堂を背景に、アルマーニの高級スーツを着た彼女が写っていたのです。

ＶＯＧＵＥを買った人しか読まないから特に大騒ぎにはならないだろうと本人は思っていたのかもしれません。しかし、幸か不幸かこの写真はマスコミでも実際の写真そのものが紹介され、「何だ、これは。公私混同ではないか」となったわけです。

一体、どこの世界に国会という国民の税金でできている建物を背景にしてファッション雑誌のモデルのような格好をして写真を撮る議員がいるでしょうか。公私混同というか、物事の本質が分からない物言いだけは派手な人という印象が日本中の多くの国民の頭の中に固まったのでした。

## 発言は派手さではなく、論理を重視する

そして２０１６年9月、前原誠司氏らを破って民進党代表選に勝ちました。ところが、新しい民進党のキャッチフレーズを掲げていたのに、もともとのドンで

ある野田佳彦氏を幹事長に選択し、「結局はお友達執行部じゃないか」と言われることになりました。

最近、多くの国民が記憶しているのは、2017年3月の国会答弁で森友学園の国有地払い下げ問題について「なぜこんなに関心が高いとお考えでしょうか」と質問し、「具体的に批判してください」と言われると「北朝鮮がミサイルを飛ばそうとして国民の生命が脅かされているときに大阪の私立小学校が優先される、政治の論理がサッパリ分からない」と発言しました。

からかったつもりなのかもしれませんが、考えてみると「なぜこんなに関心が高いとお考えか」という質問自体が的外れです。国有地の払い下げ問題に関心が深いことはもちろんそうです。しかし、なぜそうなのかということを政府側に聞く必要はまったくないでしょう。

国有地払い下げの方法や判断がおかしかったからそれを明らかにせよと国民は言っているわけで、そのことと北朝鮮の弾道ミサイルを並べてどっちが大切かと迫るのは、井戸端会議の域を出ていないのです。

要するに蓮舫さんという人は、発言は派手に見えますが、論理的なディスカッションあるいはディベートになっているかというと常にどこかが見当違いです。ファッション雑誌に載ったのは自分自身の行動の見当違い。森友学園の払い下げ問題と北朝鮮の弾道ミサイルを並べて「どっちが大事か」というのは「犬と猫はどっちが大きいか」と聞いているようなもので、次元がまったく違う話です。

そんな調子だから当然、東京都議選では大敗北を喫しました。これが自分の責任だと大いに痛感したでしょう。けれど、問題はその後の記者会見です。自らの辞任を決めた記者会見について、いくつかの新聞社から分析依頼を受けた私は、まさに「**言い方は派手でも言っている内容がおかしい**」という彼女の特徴を再確認することになりました。

民進党の今後については「次の執行部に託したい」と言い、何かにつけて「次の執行部がやってくれるでしょう」という言い方です。都議選の敗北は民進党に託したいという都民からの信頼が得られなかったためですが、それを引き起こしたのは自分自身です。

しかも、この辞任のタイミングが最悪でした。野田佳彦幹事長の辞任がマスコミに報じられると、芋づる式に自分の辞任を発表したのです。野田幹事長の助けなしに自分だけでは何もできないということを辞任の連鎖スタイルで多くの人に発信したことになってしまいました。

蓮舫氏については国籍問題などさまざまな問題が取り上げられてきました。でも、そういうことがあってもなくても、第一野党としての民主党あるいは民進党に期待を寄せて彼女の政治手腕がもうちょっとマシだろうと見繕っていた都民や国民はたくさんいたでしょう。

けれど発言が派手な割に、では何をするかという代案を示すこともなく、幹事長が辞めたら代表も辞めたというまったく逆の方式（江戸時代であれば殿様が切腹すれば家臣一同も切腹という順序からみればまさに逆）であり、どう見ても本当の政治的自主性があったのかなかったのか……。これまでのは全部、彼女のショーだったのかと最後の最後までクエスチョンマーク一杯の辞任劇でした。

**実践ポイント**

- **派手さだけで内容がなければただの「ショー」**
- **井戸端会議レベルの議論をしていないか**
- **トップが部下に続いては自主性を疑われる**

©共同通信社

# 孫正義

ソフトバンクグループ会長兼社長

## ビッグな夢は口にすることで実現する

# 比喩で相手の心をつかむ

東京・恵比寿にあるホールで、私はソフトバンクグループの孫正義会長兼社長の言葉に耳を傾けていました。この日、「企業家賞」創設20周年を記念した「企業家レジェンド大賞」にファーストリテイリングの柳井正会長兼社長と孫さんが選ばれ、その受賞スピーチでした。

実は孫さん、アメリカのオバマ前大統領やトランプ大統領もスピーチなどで好んで使う、**比喩の使い方の名人**なのです。

孫さんはこの日、まずこう言いました。「私は大ぼら吹きだとよく言われます」(ここで間を取るポーズ)。「『ほら』というのは英語で何と言うか知っていますか?」(会場をぐるっと見回し、またポーズ)。「『ほら』というのはね、英語で『ビジョン』というのです」と言うと、「なるほど、そういうことか」と会場は大笑い。

もちろん、本当は違います。ほらは英語で「ビッグトーク」。孫さんは「私たちは大きな野望を持たないといけない。そこが大きな目標、向かう場所であり、その下に理念があり、戦略があり、計画があるわけです」と説きました。

## 気さくさと記憶力で好印象を与える

私は孫さんを20年前から存じています。この日、会場に入って「最近の名刺をください」とお願いしたら、孫さんが手元に名刺を持ち合わせていなかったので、「講演の後で結構です」と言いました。しかし、孫さんはぱっと立ち上がり、さっと会場から出て行き、名刺を取りに行ったのです。

孫さんの天性なのでしょう。一歩誤れば大きなリスクを負いかねないM＆Aで有名です。けれども彼は憎まれない。**彼の気さくさと、相手のことを覚えている記憶力の良さのため**だと思います。

孫さんの話を聞きながら、私はどんどん記憶をさかのぼり、今から20年前、最初に孫さんと出会った東京・四谷の歯科医院の待合室を思い出していました。

孫さんは当時40歳。「ソフトバンク社長です」と院長から紹介され、「パフォーマンス学の佐藤綾子です」と応じると、「パフォーマンス学って何ですか？『成果を上げる』という意味のパフォーマンス？」とにこやかに尋ねられました。「日常の自己表現の研究と教育です」と答え、その日はそれで終わりました。

半年後の1999年、私が理事長を務める「国際パフォーマンス学会」で、第1回のベストパフォーマー賞を孫さんと映画監督の大島渚さんに決定しました。ちょっとした小さな賞など断られてしまうだろうと思いましたが、歯医者でお会いしたことを覚えていて、楽しいスピーチをしてくれました。

そこで話してくれたのが豆腐屋の話です。

## 夢は人前で大きく語る

孫さんが人生の転機を迎えたのは20歳のとき、カリフォルニア大バークレー校に在学中、ある科学誌の写真が目に飛び込んできました。それはＬＳＩ（大規模集積回路）の拡大写真。「これからはコンピューターの時代が来る」。１９８１年に日本に戻ると、父親の持っていた小さなトタン屋根の２階を事務所にして、アルバイト２人を雇って会社を立ち上げました。

そのとき、アルバイトを前に〝演説〟したのです。

「売り上げを5年で１００億円、30年後に１兆円にする。豆腐屋が豆腐を１丁、２丁と数えるように、会社の売上を１兆、２兆と数えられる企業にする」

信じられなかったアルバイト２人は後にやめてしまったそうですが、この〝演説〟通りになるのは周知の通りでしょう。

まねをして「売り上げを『１兆、２兆』と数えるビジネスマンになります」とよく言う人が私の身近にもいます。言っただけで、できなければオオカミ少年ですが、**孫さんは実際にやっていくから誰も憎めない。パフォーマンス学では「アナウンス効果」といいます。**

目標を人前で大声で言ってしまう。周囲は疑心暗鬼で見ていますので、実現しようと猛烈に努力する。結果的に目標はちゃんと達成されているというわけです。

アメリカの著名雑誌「タイム」が2018年4月に発表した「世界で最も影響力のある100人」に、日本からは安倍晋三首相と孫さんの2人が選ばれました。ビッグな夢を実現してしまう孫さんの影響力は、世界規模なのです。

**実践ポイント**

- **間と比喩の使い方を学べ**
- **気さくさと記憶力で相手をファンにせよ**
- **目標は口にして「アナウンス効果」で実現せよ**

©共同通信社

# カルロス・ゴーン

元日産自動車会長

カリスマが忘れていた「3つの教訓」

# 堕ちたカリスマ経営者

「まさか」と世界中の人が耳を疑ったのが、2018年11月の東京地検特捜部による日産前会長、カルロス・ゴーン容疑者の逮捕でした。自らの報酬を少なく見せようと実際の年間報酬は20億円前後なのに10億円前後と有価証券報告書に記載した金融商品取引法違反の容疑がかけられています。他にも、レバノンやブラジルにある会社所有の高級住宅を無償で使用するなど会社資金の私的流用も疑われています。

もちろん日本の上場企業経営者の給料は新入社員との差が小さいことで有名であり、それに比べてフランスやアメリカの大企業トップは平社員の何百倍の給料を取っていることはよく知られています。それにしても法律に違反するやり方やごまかしはいけません。このことは今まさに捜査中なので言及は控えましょう。

（※事件概要は2018年11月当時のものです）

そこで、今回の事件を通してパフォーマンス心理学の観点からはっきりと分かるリーダーの重要な教訓を3つお伝えします。

## 平時と有事のリーダーシップを使い分ける

第1は「リーダーシップの2つの方向性」です。あの「あさま山荘事件」で警察トップだった佐々淳行氏の有名な著書に『平時の指揮官　有事の指揮官』があります。有事のリーダーは決断が早く、非常に攻撃的である必要があります。一方で平時のリーダーはよく部下の発言を吸い上げて全体をまとめる必要があるというものでした。

これを考えたとき、1999年に経営危機に直面していた日産の救済は「有事」でした。日産と資本提携したルノーから送り込まれたのがゴーン容疑者です。当時の役職はCOO（最高執行責任者）。私は当時、東京都日野市の日産工場すぐ近くにある実践女子大の教授でした。日野市全体が「日産村」と言われるくらい、学生たちと日産の結びつきは深く、ゴーン容疑者の改革で父親がリストラされ、奨学金の申請にきた学生が4人いたことを覚えています。

そのときのゴーン容疑者のあだ名は「カリスマ経営者」「コストカッター」「セブンイレブン」などありましたが、中でも忘れられないのが「人切りゴーン」です。どんどん人材をリストラしたのです。日本的な集団主義的文化では、父親をリストラしたら子供が困るだろうという感情がありますが、彼にはなかったようで、大リストラは成功しました。

しかし、利益が上がって会社が次の課題に直面したとき、「平時」とまでは言わないまでも有事ではなくなったとき、リストラされた社員に再び声をかけることはしませんでした。こういうことから今回、不満を持つ内部からの通報がきっかけだったことにもうなずけます。

今回、特捜部は「司法取引」という新制度を適用しました。犯罪捜査のために証言してくれたら、仮に事件に関与していたとしても刑事責任を軽減する制度です。これによって複数の役員や幹部が証言してゴーン容疑者の逮捕に至りました。

**有事のリーダーとしてのトップダウンは会社救済に必要だったとしても、それが一段落して平時に移行した場合、ボトムアップあるいは協議制をどこかで入れないと組織は続かない**でしょう。

## サーバントリーダーシップと100年企業

第2に挙げられるのが「サーバントリーダーシップ」です。

これは米国のロバート・グリーンリーフ教授が提唱した概念で、**「リーダーこそ社会に仕えることを真っ先に言うべきであり、そのことを社員が共有し、リーダーが下から部下を支える」**というものです。

みんなの意見を重要視しつつ、何かあれば責任を取る。トップこそ社会の召使い（サーバント）であるという考え方です。

日本でサーバントリーダーシップを採用している企業は資生堂が有名です。初代社長の福原信三社長から、この考え方を引き継いだのが秘書を長く務めた池田守男社長です。

１００年続くオーナー企業を見ると、トップダウンの組織よりも、サーバントリーダーシップの組織の方が長続きしていることが分かります。

## 「3つの初心」を忘れるな

ゴーン容疑者が有事でも平時でもトップダウンであり、サーバントリーダーの形をとらなかったとしても、少なくとも「３つの初心」を忘れなければこうはならなかったのにと思います。

3つの初心とは能の大成者、世阿弥が60代で書いた『花鏡』の中に明快に語られています。私たち日本人がいつも「初心を忘れたのか」というときは、成年期の仕事を始めるときのことです。

ただ、世阿弥はそれだけが初心ではないと言います。青年期の初心のほかに、仕事の黄金期、最盛期のときにも「時々の初心」があると言うのです。これは、自分が幹部あるいは社長の職に就くときに考えた初心です。さらに第3期の初心があり「老後の初心」と名付けました。ビジネスが波に乗り、自分自身もできること、できないことが見えてきて、これは部下にやらせようなどと考えるわけですが、ここで言うのは**後進を育て、社会貢献をする初心**です。

グローバルリーダーの中でゴーン容疑者とよく並んでとりあげられるのが米マイクロソフト共同創業者、ビル・ゲイツ氏です。ゲイツ氏は40代ですでに公益財団をつくって貧しい国の子供たちのワクチン支援に乗り出しています。

社会支援という意味では松下幸之助氏、サントリー会長の佐治信忠氏も社員を大切にし、いくつかの芸術支援を開始して今も引き継がれています。
結局、ゴーン容疑者は仕事の腕は確かだったにしても、リーダーシップの2つ目の方向性であるサーバントリーダーシップ、3つの初心を忘れてしまった。私たちにとって大きな教訓を残しました。部下が1人でも2人でも、組織のトップに立つ人は、この3つを忘れてはなりません。

**実践ポイント**

- **リーダーシップは有事だけでない平時のリーダーもある**
- **サーバントリーダーシップには100年企業のヒントがある**
- **「初期の初心」「時々の初心」「老後の初心」を忘れるな**

# 羽生結弦
## フィギュアスケート選手

**常に礼儀正しく…絶対王者3つのポイント**

# 本当に23歳？

平昌五輪フィギュアスケート男子で、66年ぶりに連覇を果たした羽生結弦選手の演技とインタビューを見ていて、思うことがありました。本当にこれが23歳（当時）の若者なのだろうかという不思議な気持ちです。人間としてスポーツ選手として何よりも言葉を操るマジシャンとして、あまりにもずば抜けた才能をお持ちです。

合計317・85をたたき出し、忘れられない金メダルの演技となったのでした。成熟した大人をさらに超える大人の要素をもった羽生選手を感じました。おそらく特徴は次の３つ。**感受性の豊かさ、言葉力のマジシャン、礼儀正しさ**です。

感受性の豊かさは、曲のイメージを表情、指先、動きの早さで表現していることが誰の目にも分かります。悲しそうにやや悩ましく動きをスローにしているときは、伏せ目にして一瞬悩んだような表情を浮かべます。次の瞬間、表情全体が変わるとともに全身が動き出します。こういう緩急がとても上手なのです。

この感受性がどこで磨かれたのかと不思議に思うところですが、本人にインタビューした月刊誌の記事は「感受性はもともと強い方で、1つの曲を聴いたらその曲の感情をとことん自分に覚え込ませます。その感情を氷の上で表現するのです」と伝えています。

## バリエーション豊かな感情表現

2つ目の言葉力はインタビューに注目すると分かります。記者は同じ質問をすることがあります。それはもう一ひねり、違う答えがほしいときです。羽生選手はそれを敏感に察知して違うアプローチで同じ内容を語ってくれるのです。

少しずつバリエーションを変えています。言葉について人一倍敏感なのです。以前、本人が「言葉で感情表現しようと思うと、これはしゃべってはいけないとかいいとか気になるところがあってうまくいかない。けれど氷の上はあらゆる感情表現を存分に出しきれる場所だから、表現しきれる場所として氷の上がいいのです」と答えたのが、非常に印象に残っています。

氷の上を感情表現しきれる場所とし、マイクの前で話すときは言葉で感情表現を存分にする。くしくも、ＳＰの演技終了のときにアナウンサーが「何という精神力、何という高い技術！」と感極まって叫びましたが、まさにケガをしても負けない精神力、そして終わってすぐに体を深くかがみ込ませてしきりに右足を触っていたあの姿に代表される右足への感謝です。

「痛かったのですか」と聞かれたら「いいえ、右足によくここまで持ってくれたと感謝していました」との言葉が返ってきました。フリーで２０６・17をたたき出した瞬間、「わお」と叫んでいるように見えました。彼の感情表現はあの炸裂した勝利の歓喜に表れていました。普段あまり強烈な表現をしない羽生選手があそこまで雄たけびをあげたのは本当につらかったことの裏返しでしょう。

# どんなときでも礼儀正しく振る舞う

3つめの礼儀正しさは誰も異論がないでしょう。疲れていてもきちんとインタビューに答えます。そして必ず感謝を口にします。

スタッフには、コスチューム製作者や、ときには口論になりながら進んできたコーチがいます。そして小さい頃から応援してきた両親がいます。そのような人々への感謝を常に礼儀正しく述べていることが不思議でならないところです。

なぜそんなに礼儀正しいのか直接質問した人がいます。「小さい頃から周りの人への感謝の言葉をきちんと言うように両親から何度も言われてきました」という答えが返ってきました。例えば演技直後に答えた「会場で滑ることができてほっとしているのと、自分がやりきれたなと思う演技ができたことが良かった」という言葉を考えてください。苦労なく来ているなら「ほっとしている」とは言わないでしょう。すべてが礼儀正しく控えめです。

この礼儀正しさが彼に品格を与え、強烈な羽生ファンをつくっているのだと思います。銀メダルを取った宇野昌磨選手のインタビューの答えがそれを象徴しています。「僕に憧れてスケーターになる人はいませんよ、羽生選手に憧れてなる人はいるけど」と答えたのです。相撲でいう心技体、彼においては感性、言葉力、礼儀正しさがきちんと表されている人格者だから彼に憧れてスケーターになりたいという人が続くのだと思います。

**実践ポイント**

- **感性を磨いておけ**
- **言葉に敏感になれ**
- **常に礼儀正しくあれ**

# カズオ・イシグロ

小説家

日本人よりも
日本人らしい
英国人にみる
リーダーの条件

# 言葉は違えど、日本的美意識を持つ

２０１７年のノーベル文学賞は日本生まれの英国人作家、カズオ・イシグロさんに決まりました。ロンドンの自宅のベンチで行われた受賞インタビューを見ていて、あることを感じました。

イシグロさんで象徴的なのは彼のスピーチです。30分近い記者会見を食い入るように聞いていて、あっと驚いたことがあります。日本に来たときの講演などで小さめの声で話す静かな人といわれていたのに、この日の会見では、完全なネイティブイングリッシュで、決して小さい声でありませんでした。言葉を探るというより次々と口から言葉が飛び出して来るのです。

さらに耳を傾けていると、５歳からずっと住んでいた国のブリティッシュ・イングリッシュそのものではなく、ややアメリカン・イングリッシュの発音も混ざっています。そして、本人の口から「日本的な価値観を大切にし、両親からも『いつか日本に戻るかもしれない』と言われながら、日本の文化もずっと意識して勉強してきた」という言葉が飛び出しました。

世界で活躍しながら、どこかに日本という国の文化をしっかりと置いている。それがカズオ・イシグロさんの特徴なのでしょう。一番象徴的な言葉は「自分が主人公としてきた人々の中には『emotions hidden（隠された感情）』があり、それを書こうとしてきた」という言い方です。

日本の茶道や能を思い浮かべれば、すぐに分かるでしょう。おおっぴらにおおげさに言わず何か隠れたものがある。それを見ようとして観客は一生懸命、自分の心を集中して能を見たり茶を点てたりします。同じことが彼の小説の中にも言えるのではないでしょうか。平凡な景色が描かれていても、その中にどんな感情が隠されているのか。本人が言う通り、そこが非常に日本的な美意識なのです。

# 複数の文化を吸収する

ノーベル文学賞が決まった当初、沈黙していたのが歌手のボブ・ディランさんでした。彼の歌詞には文学性があるとして世界中を巻き込んだ話題になったのは、イシグロさん受賞のつい1年前のことです。しかし、イシグロさんは賞をもらったことに対し、「magnificent honor（素晴らしい名誉）」と「本当にうれしい」とまっすぐに受け止めました。

ご自身が描いてきた主人公たちが、彼の言葉を借りれば「victims of time, victims of history（歴史や時間の犠牲者）」であること。そして彼自身の人生観として、人生は短いからこそ、大切なものは「not money, not power, people you love（名誉でもお金でもなく愛する人々がいること）」と話したのです。

これもどちらかというといわゆるアメリカ人の美意識、富を追い権力を追い頂上に登り詰めるアメリカンドリームとはちょっと違うことがすぐに分かります。

移住したのがアメリカではなく、長い伝統や王室文化のあるイギリスだったということも日本流の美意識やものの考え方が絶えず並行して彼の中に生き続ける良い条件になっていたのかもしれません。

こうして見てくるとはっきりしてきます。日本生まれとか日本に何かの足場がありながらグローバルリーダーである人とは、純粋に日本人あるいは日本生まれというより、**日本の文化と日本以外のたくさんの文化を吸収し、話す言葉もマルチリンガルで、かつ言葉は思考に影響を与えますから頭の中でも非常に日本的なものを大切にしている人たち**だといえそうです。

私のような団塊の世代は中学・高校時代、夢中になって英語の勉強をしました。そのときにものの考え方までアメリカンに移行してしまった友達が何人かいます。けれど、その人たちは日本で尊敬されるリーダーになっていません。どのエリアであっても日本の文化と日本以外のダイバーシティ(多様性)に、ちゃんと気を配れる人が本当のリーダーになっていくのでしょう。イシグロさんのノーベル賞受賞はそれを教えてくれるいい材料です。

**実践ポイント**

- **言葉は思考に影響する。マルチリンガルであれ**
- **日本的な価値観である奥ゆかしさや謙虚さを持て**
- **日本以外の文化や価値観も大切にできる人こそ真のリーダー**

大谷翔平　プロ野球選手

栃ノ心　力士

藤井聡太　将棋棋士

トップを走る若者たちのキーワードは「周囲を立てる」

©共同通信社

# 謙虚な若者だけがレジェンドになれる

10代、20代、30代の若者たちに今、日本中が大きく注目しています。10代は将棋の藤井聡太七段、20代は米大リーグ・エンゼルスの大谷翔平選手、30代は大相撲の栃ノ心関（本名レバニ・ゴルガゼ、春日野部屋）です。

藤井七段は8歳のころ、一番憧れていた谷川浩司九段と対戦しました。その対局で谷川九段が途中で引き分け宣言をしたところ、悔しくて泣き叫び、後に師匠となる杉本昌隆七段が慰めるも泣き止まず、母親が迎えにきたというエピソードがあります。

将棋に興味のなかった人まで「藤井の将棋」を見たり、漫画の主人公にしたり、関連グッズが売れたりとフィーバーが起きました。

その傾向がもっとも感動的に表われたのが、一昨年の七段昇格前の試合で「これは僥倖（ぎょうこう）でした」と言ったときのことです。僥倖という言葉は大人にもほとんど知られていません。天皇陛下がいらっしゃる「行幸」ではありません。「思いがけない幸運」という意味なのですが、それを14歳だった藤井七段が使ったのです。

２０１８年5月に師匠の杉本七段（当時）と並び、史上最年少で七段昇段を決めた藤井七段。「こんなに早いペースで昇段できるとは思っていなかった」と、これはラッキーだというニュアンスの発言をしました。師匠は「この日が来たのは大変うれしい」とにこやかな表情で言いましたから、この2人には長年の信頼関係があり、自分を越えていく藤井七段に杉本七段は心から拍手を送ったのでしょう。そんな応援したくなる雰囲気をこの15歳（当時）は持っていたのです。

## 成功しても「みんなのおかげ」を忘れない

20代になった将来のレジェンドの1人、大谷選手。登板のたびに実況中継のアナウンサーが「It's show（翔）time!!」と叫ぶのが習慣になっています。けれどエンゼルス入団後、初勝利でのコメントは「スタッフや選手のみなさんに支えられてきているので。今日もマーティン・マルドナド捕手が1球ももらさずに僕の球を受けてくれたので、そのおかげかな」。こんな風に言ってくれるので一生懸命に周りも支えます。

あいにく右肘内側側副靭帯の損傷のため、故障者リスト入りしたこともありましたが、その間も多くのチームメイトに見守られました。監督も「治ったらピッチャーでスタートさせたい」とすでに治ったときのコメントを発表しました。監督やチームの応援が大谷選手に降り注いでいます。入団からたった6カ月でこれだけの人間関係をつくったのです。毎度「勝てたのはみんなのおかげ」などと言える彼の言葉にはすでにレジェンドとしての芽が出ているのでしょう。

## 「親方の教え」にこだわる

国技である相撲でやはり先輩を立てて自分の勝利は自分だけのものではないと言って日本中の拍手を浴びたのが栃ノ心関です。2018年の1月場所で初優勝して大関に昇進しましたが、伝達式での口上は「親方の教えを守り、力士の手本となるように稽古に精進します」という1行でした。力士の口上では「誠心誠意」とか「不撓不屈」とか、ちょっとおしゃれなキーワードが多いのですが、栃の心関は「親方の教え」と「精進」という2語でした。

ジョージアから来て日本語がまったくできず、女将さんが語学学校でジョージアの言葉を学び、一から十まで教えていったというだけあって本当に親方夫妻からすれば子供のように言葉から食べ物まですべて面倒をみてきたわけです。

稽古は厳しいですが、それでも「親方の教え」という1語を入れたくて、伝達式の後に栃ノ心関は、一番苦労したのはこの部分だと述懐しています。この一言があったからこそ相撲界のレジェンドになっていけると思わせたのでした。

相撲が強くても尊敬できない力士はたくさんいます。相撲は国技と言われるだけに栃ノ心関がジョージアから来て日本魂を継承したわけです。30歳の大関昇進は遅咲きですが、きっと今後も日本中が応援し続けるでしょう。周りや先輩や師匠を立てる若者が台頭していることは日本中に大きな希望を与えています。

**実践ポイント**

- **どんなに苦労しても「幸運でした」と言える謙虚さ**
- **どんなに活躍しても「チームのおかげ」と言える謙虚さ**
- **どんなに出世しても「師匠の教えのおかげ」と言える謙虚さ**

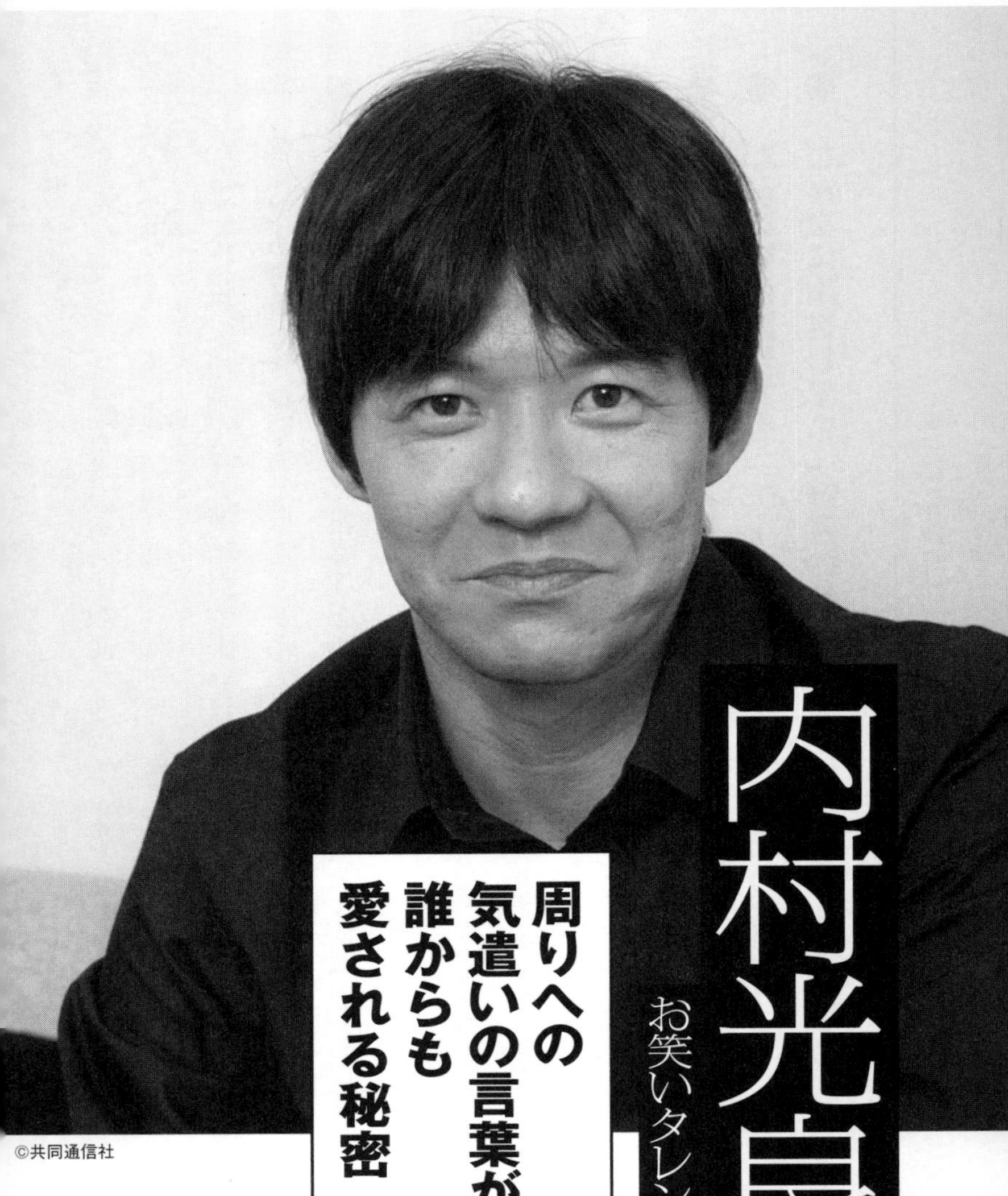

©共同通信社

# 内村光良

お笑いタレント

## 周りへの気遣いの言葉が、誰からも愛される秘密

# 本当の価値を発揮し始めた内村氏

お笑いコンビ、ウッチャンナンチャンの内村光良さんが第68回ＮＨＫ紅白歌合戦の総合司会を務め、全国一斉に大変な話題となりました。ＮＨＫ紅白歌合戦の総合司会といえば、インテリでルックスも良く、周りに敵を持たず全国民に知れ渡っている好感度がある人というのが、今までのわれわれのイメージでした。

それに選ばれたことで、いよいよ彼はトータルな本当の意味での「タレント」（語源はヘブライ語で古代イスラエルの通貨単位。１タラント、２タラント……と数える）として貴重な価値を持っていることを証明できるのでしょう。

外なる内村氏は誰しも知っている通り、老いも若きも見るＮＨＫのバラエティー番組「ＬＩＦＥ！～人生に捧げるコント～」での彼でしょう。カツラをつけたり、おなかを大きく膨らませて腹巻きをしてみたり、小道具の大きな鼻を付けてみたり、とにかく彼は笑わせることに徹します。

話をするタイミングや表情がくるくる変わり、逆に変わるべき表情のときに一切表情を変えずポーカーフェースで、実は吹き出したくて我慢しているのが視聴者に見える、そんな面白さがコンビ時代から一貫している芸人としての彼の「タレント」です。

最近、その「タレント」がさらに大きく開花して映画をつくり、監督、主演、原作を全部自分でやってしまうという離れ業もやってのけました。その延長線上にあるのが、総合司会が決まったときの挨拶コメントです。

「今回、この話が決まったときには驚きました」「すごく緊張するだろうと思いましたが、貴重な機会なのでお受けしようかと」と慎重な言葉ですが、最後に「私を推薦してくださったNHKゼネラル・エグゼクティブ・プレミアム・マーベラス・ディレクター三津谷寛治氏に感謝します」と、こう来ました。もちろん、これは「LIFE!」の中のコントで内村氏が演じている、まさにマーベラス（奇跡の）ディレクターです。

# 常に一番を目指す

ここまでは人を笑わせようとする彼の外から見た一面でしょう。ところが、内なる内村さんはまったく違います。私もＴＢＳで彼が司会する番組に何度か出演したことがあります。驚いたのはセリフがちょっと滑ってしまったり、的外れだったときに、やんわりと「それは面白いですね」と言ってくれることです。**共演者みんなが気分のいい中で仕事ができるよう細心の気配りを常にしています**。司会をしながら周りへ気配りするのは大変な能力です。共演者は全員味方にしてしまう。そんな彼の一番を目指す心意気がそこに表れているでしょう。

彼がさまざまなところで言っている言葉の中に「一番が好き」というものがあります。何をやっても一番と思えば、必ずそれは自分の能力の限界への挑戦になります。例えば、映画『金メダル男』がそうでしたが、既に20代の青年期ではない彼が、相当な体力が必要とされるだろう水泳やスタント、カメラなど次々とトップを目指していく主人公を演じています。

今の若者たちが大好きな「ナンバーワンではなくオンリーワン」という方程式が逆さまで、オンリーワンではあるけれどナンバーワンを目指すという主人公。時代とある意味で逆行しているけれど、いろいろ失敗しながらナンバーワンを目指していくという主人公の生き方は、実は人知れず勉強したり、ボディートレーニングしたりしている内なる内村氏の分身でもあるのでしょう。

どうやったら仲間とうまくやれるかと協調する一方で、どうやったらもっと上に伸びることができるか一生懸命考えているという、内なる内村氏はそういう相反する面白さを持っています。

## 内と外、どちらの自分も大切にする

「タレント」としての外なる内村さんだけを見ている人はふと見落としがちで

すが、今後は内なる内村さんの方がもっと面白いし、実際に紅白の総合司会で発揮されるのも内なる内村さんの底力でしょう。総合司会に、いわゆる単なるタレントさんを見たいと思っている視聴者はいないのですから。

内なる自分、外なる自分の2つを持っている人がビジネスでも長く生き残っていく、それは私を含め周りの多くの人たち共通のことだと思います。

**実践ポイント**

- **その場にいる人全員を味方にする細心の心配り**
- **一番を目指す心意気が自分の真の価値を引き出す**
- **外なる自分だけでなく内なる自分を持て**

©共同通信社

# 武豊

競馬騎手

## 馬も人も同じこと、相手に合わせてムチを振れ

# 競馬界のレジェンド

２０１９年1月に中京競馬場で行われた東海テレビ杯東海ステークスで武豊騎手が優勝しました。今年3月で50歳になったとはとても思えない、まったく贅肉がないスリムな身体で、にこやかな表情でインタビューに答えているのを見て、大きな〝ディープインパクト〟を受けたのではないでしょうか。であればこそ関西運動記者クラブ１１月、２０１８年に活躍した関西圏のスポーツ選手を選ぶ「第62回関西スポーツ賞」で前人未到のＪＲＡ通算４０００勝を達成した競馬界のレジェンド、武騎手を特別賞に選出したのでしょう。

どうも武騎手の周りだけ別の時計が流れているんじゃないかと思ってしまいます。かつて月刊誌で私が何人かの経済界やスポーツ界のトップにインタビューするコーナーがあり、私も編集部も第1候補として挙げたのが武騎手でした。直接インタビューして思ったのは何となく華奢で控えめでシャイ。この方のどこにそんな力があるのだろうと思ったのを今も覚えています。

リーダーのパフォーマンス学として政治経済界の人が武騎手から学ぶことは本当に多いと思います。今も印象に残っているのは１９９７年、スペシャルウイークに乗って優勝した武騎手の姿です。あれからもう20年も経つのに今でもおそらくテレビや競馬場で見た人は覚えているに違いないでしょう。何しろ弱い馬で、ゲートから出た時点でどん尻。いつハッスルするのかと思って見ていたら最後の最後に何頭もごぼう抜きして優勝しました。特に身体が大きくもない馬に小さい騎手が乗って、何ということだとあ然としたのでした。

現に今年1月、騎手生活32年のインタビューで一番印象に残っている馬として武騎手は１９９７年のスペシャルウイークの名前をすかさず挙げました。弱い馬がごぼう抜きして勝っていく。ここで武騎手はおそらく自分のやり方の基本をつかんだのだと思われます。

# 馬も人も性格を読め

そこで言えるのは**相手の性格を読む**ということです。相手が馬でも人間でも同じこと。その人にはその人の性格があって、弱そうでも本当は強い馬（人）を見抜いて最初はムチを使わず最後にガンガン振る。そんなやり方を武選手は身に付けられたのでしょう。私のインタビューでもスペシャルウイークの名前を挙げていました。

２つ目のポイントは割り切りです。武騎手は弟も騎手で、ずっと中学、高校、大学を通じて馬に乗るライバルがいるわけです。そのライバルが当時のスペシャルウイークを振り返って、「いや、本当に騙されましたよ。（武騎手は）『優勝するのは君だ』と言っていましたから」と言うのです。実際にはスペシャルウイークが勝ち、このライバルが「ウソでしたよ」と今も笑っています。

その後、他の選手が「武騎手にばかりいい馬が行く」と言うそうです。「史上最強」とも言われるディープインパクトも、JRA歴代賞金王にも輝いたキタサンブラックも良い馬は武騎手に行く。「それはおかしい。自分に乗らせてくれ」と申し出た人がいるといいます。このとき武騎手はすかさず言い返したそうです。「一番強い馬に乗りたければ、一番強い騎手になれ」。これは本当に名言で、勝てば勝つほど馬主は一番強い馬を一番強い騎手に回してきます。現にキタサンブラックは馬主で演歌歌手の北島三郎さんのご子息が、ぜひ武騎手に乗って頂きたいとあちこちで表明しています。

いい馬に乗りたかったら一番の騎手になれ。当たり前のことを言っているようですが、ビジネスでも同じことです。私にはくだらない仕事が来る。あの人ばかり抜擢されるというのであれば、抜擢される人になればいい。これを口に出して言える割り切りが、あの静かな顔の武騎手が32年間トップに君臨している特徴だと思います。

# トップで居続けられるか

3つ目は「時の証明」です。例えば元プロ野球選手の清原和博さん。あれだけ高校時代から注目され、プロになってからも注目されたにも関わらず、この数年で注目されたのは覚せい剤取締法違反（所持）による逮捕でした。トップで居続けるということがいかに難しいかということです。ちょっとの間だけトップなら大丈夫だけど長年トップは務まらない。こんな場合はさっさとリーダーをやめて次のリーダーに譲ることが大切です。

**「時の証明」を得られるか得られないかを自分で判断する**。ダメだと思えば潔く座を明け渡す。1月に引退を表明した元横綱、稀勢の里がいい例でしょう。ケガから立ち直ろうと必死にもがきました。日本中の期待に応えようとしました。でも連敗が続きました。そこで場所の途中でも引退を表明しました。

長い時間の時の証明に勝てないと判断したらさっとそこで身を翻して誰かに譲

るかやめてしまう。稀勢の里はこれから後進の指導をするでしょう。武騎手は今年3月で50歳ですが、まだまだ時の勝利を得続けることでしょう。現役で活躍する多くの40〜50代の希望の星です。

**実践ポイント**

- **馬でも人でも相手の性格を読め**
- **プライドを持った「割り切り精神」を相手にも明言せよ**
- **「時の証明」を得られるか見極めよ**

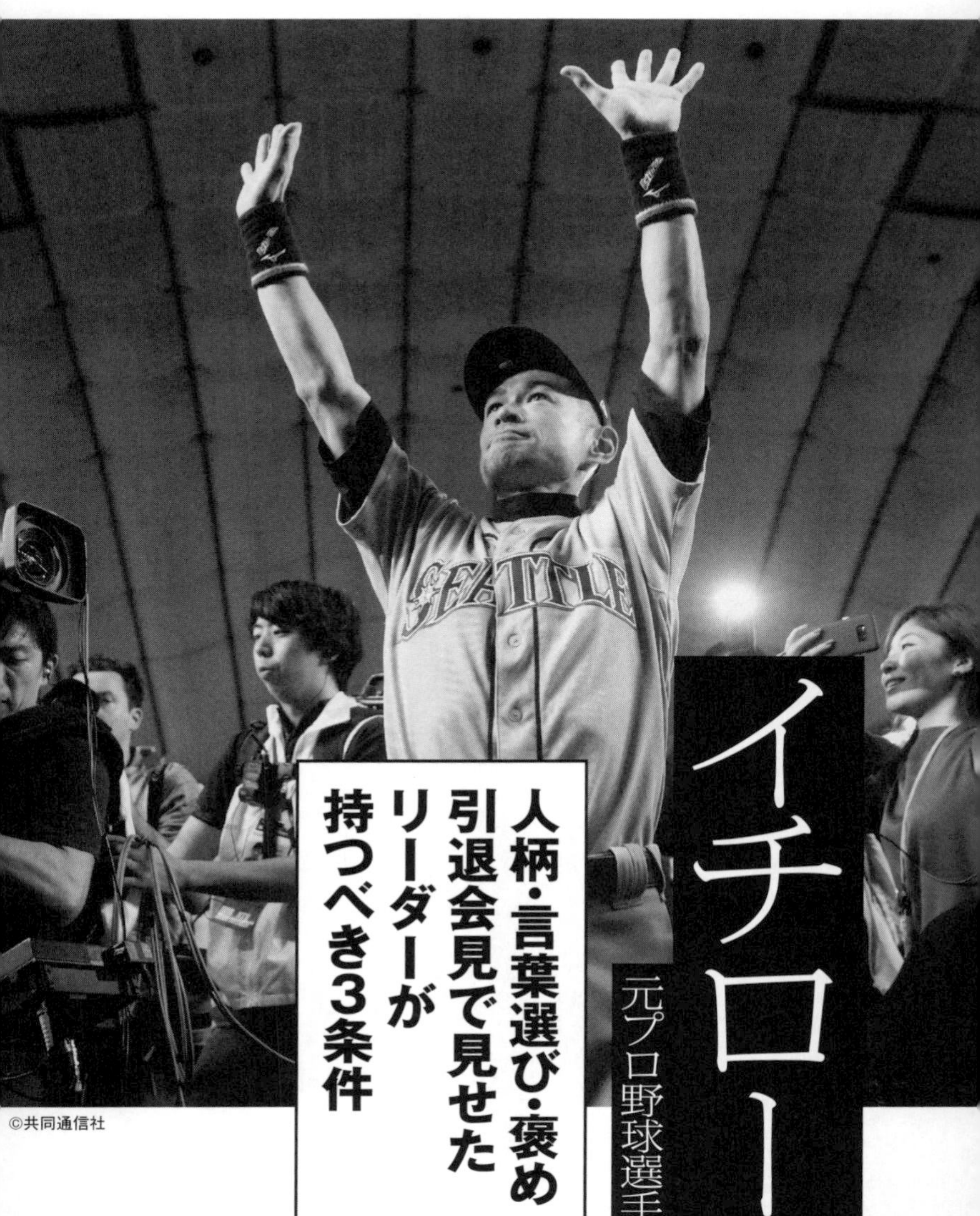


# イチロー

元プロ野球選手

## 人柄・言葉選び・褒め<br>引退会見で見せた<br>リーダーが<br>持つべき3条件

©共同通信社

# 人柄の良さを惜しみなく

私たちの憧れのイチロー選手が2019年3月で現役引退を発表しました。夜中の12時だというのにテレビの前に釘付けになった人は多いはずです。私自身も彼の野球人生、混じり気のない生き方に憧れてずっとイチロー選手を追いかけてきた人間の1人です。今回の記者会見で気付いたことだけを述べても、あるべきリーダーのパフォーマンスのヒントがくっきりはっきり浮かんで見えます。

第1は人柄の良さです。野球選手で彼の言葉を借りるなら個人のポテンシャリティの高い人は他にもいたかもしれません。でも、ちょっと照れ屋で偉ぶらず、とはいえ相手におもねることも一切しない。話すことにも一切無駄がない。誠実な人柄はスポーツ界でも珍しい例でしょう。

その証拠に会見場の席についてすぐに「(報道陣が)こんなにいるの？　びっく

りするわ」と笑いました。夜中なのに会見場にぎっしり報道陣が集まってくれたことに、本当は「どうもありがとう」と言いたいけれど、ちょっと照れてしまったのでしょう。

こうしたところに好感が持てます。政治家ならば「みなさん、夜中にお集まり頂きありがとうございます」と言うところでしょう。そうでなく、ちょっとおどけてみせたのです。

## 正確な言葉選び

第2は言葉選びの的確さ。今回、引退に後悔していないかと聞かれ「後悔などあろうはずもない。自分なりに頑張った」と言いました。「自分なりに」というのは他の選手と比較したわけではなく、自分としてはできる最大限のことをしたと説明しました。ただ「頑張りました」ではなく「自分なりに頑張ったのだ」と正確に言葉を選んでいます。

同じように子供たちにメッセージを送って欲しいと言われたときも、「メッセージは苦手なんですよ」と言った上で、「自分が夢中になれるものを見つけて全エネルギーを注ぎ込め。そしたら壁が現れても乗り越えられる」と言いました。もし夢中になれるものが見つからないと壁に負けてしまう。ただ夢中になれというのではなく、夢中になれば壁が現れても強いぞと。これまた的確に言い表しています。

さらに、どうしてこんな答えができるのかとうめくしかないのですが、1992年から今までで一番印象に残った場面を問われ、「そうですね」と考え、1つの場面を言ったのですが、その後に「時間が経ったら今日が一番浮かぶでしょう」と答えました。

この日の球場で、みんながスタンディングオベーションでイチロー選手にエールを送ったこと、スタンド中に「アイ　ラブ　イチロー」のプラカードがいっぱいあったこと。その猛烈な印象と夜中の一杯になった記者会見場。

その今日が時間が経てば最高になるだろうと。毎日毎日が最高だ、そうなるよう努力してきたという彼の正確な言葉です。

## どちらも褒めよ

米MLBを見て日本のプロ野球が何か変えるべきことはあるかという問いについて、「基礎力やチームの連携など日本の野球で鍛えられることはたくさんある。アメリカでも鍛えられることはたくさんある。個人のポテンシャルがとても高い。日米を比較して日本がダメだとかいうのはフェアじゃない」という言葉で結びました。

日米のどちらが新聞記事にしても嬉しい言い方で、比較文化論の最たる言葉です。**リーダーになったら人柄の良さを見せつつ、正確な言葉で答えつつ何か批判が出そうな誘導尋問には乗らず両者を必ず褒めて終わらせる。**

イチロー選手はすべてのリーダーが使える3つのテクニックをたった1回の記者会見ですべて示してくれたのでした。

## 実践ポイント

- 人柄の良さを惜しみなく出せ
- 言葉は的確に選べ
- 誘導尋問に乗らずどちらも褒めよ

# あとがき 「時代を超える自分資産」

本著の中には、カルロス・ゴーン氏のように華々しく活躍した後に失墜に至ったリーダーから過激な話し方が更に超過激になったトランプ氏など、その時代情勢の中で評価が変わったリーダーもいます。多くは、ジャパネットたかたの高田明前社長や話し方の達人小泉進次郎議員のような時代を超えた伝える力の名人たちを、「パフォーマンス学」のパイオニアとしての私の長年の実験と研究・研修の視点で、縦横に分析しました。彼らの貴重な表現力を読者のあなたの日々の仕事と人生のお役に立てることができれば、著者冥利に尽きます。

お世話になった産経ニュースの市岡豊大さん、単行本決定の後押しをして下さったディスカヴァー・トゥエンティワンの原典宏さんと、根気よく編集を担当して下さった渡辺基志さんに心から感謝を申し上げます。

２０１９年7月　佐藤綾子

## 関連諸団体とその連絡先

### ①「佐藤綾子のパフォーマンス学講座®」

（文部科学省認可　（社）パフォーマンス教育協会後援団体）

【連絡先】国際パフォーマンス研究所
〒156-0045　東京都世田谷区桜上水4-18-26
Tel：03-5357-3855　Fax：03-3290-0590
HP：http://www.spis.co.jp/
E-mail：spis@spis.co.jp

1994年4年に創立された、長年の歴史と高い評価を誇る、社会人のための自己表現能力向上セミナーです。公認パフォーマンスカウンセラー資格、文部科学省認可団体社団法人パフォーマンス教育協会認定インストラクター資格を取得できます。1講座を聴講できる特別公開講座もあります。入学案内書をお送りいたします。

### ②「社団法人パフォーマンス教育協会（国際パフォーマンス学会）」

（文部科学省認可　（社）パフォーマンス教育協会後援団体）

【連絡先】社団法人パフォーマンス教育協会
（国際パフォーマンス研究所内）
Tel：03-5357-3858　Fax：03-3290-0590
HP：http://www.ipef.jp/
E-mail：ipef@spis.co.jp

1992年10月に創立された、日本初の産学共同体制の学会です。コンベンション、勉強会、ワークショップ等を行い、会員には機関誌、ニューズレターを配布します。入会案内書をお送りいたします。

# トップリーダーに学ぶ 人を惹きつける「自分の見せ方」

発行日 2019年8月30日 第1刷
2020年2月10日 第2刷

Author 佐藤綾子

Book Designer 杉山健太郎

Publication 株式会社ディスカヴァー・トゥエンティワン
〒102-0093 東京都千代田区平河町2-16-1 平河町森タワー11F
TEL 03-3237-8321（代表） 03-3237-8345（営業）
FAX 03-3237-8323
http://www.d21.co.jp

Publisher 谷口奈緒美
Editor 千葉正幸 原典宏 渡辺基志

Publishing Company 蛯原昇 梅本翔太 古矢薫 青木翔平 岩﨑麻衣 大竹朝子 小木曽礼丈 小田孝文 小山怜那 川島理 木下智尋 越野志絵良 佐竹祐哉 佐藤淳基 佐藤昌幸 直林実咲 橋本莉奈 廣内悠理 三角真穂 宮田有利子 井澤徳子 俵敬子 藤井かおり 藤井多穂子 町田加奈子 丸山香織

Digital Commerce Company 谷口奈緒美 飯田智樹 安永智洋 大山聡子 岡本典子 早水真吾 磯部隆 伊東佑真 倉田華 榊原僚 佐々木玲奈 佐藤サラ圭 庄司知世 杉田彰子 高橋雛乃 辰巳佳衣 谷中卓 中島俊平 西川なつか 野﨑竜海 野中保奈美 林拓馬 林秀樹 牧野類 松石悠 三谷祐一 三輪真也 安永姫菜 中澤泰宏 王廳 倉次みのり 滝口景太郎

Business Solution Company 蛯原昇 志摩晃司 瀧俊樹 野村美紀 藤田浩芳

Business Platform Group 大星多聞 小関勝則 堀部直人 小田木もも 斎藤悠人 山中麻吏 福田章平 伊藤香 葛目美枝子 鈴木洋子 畑野衣見

Company Design Group 松原史与志 井筒浩 井上竜之介 岡村浩明 奥田千晶 田中亜紀 福永友紀 山田諭志 池田望 石光まゆ子 石橋佐知子 川本寛子 宮崎陽子

Proofreader 株式会社鷗来堂
DTP 朝日メディアインターナショナル株式会社
Printing 大日本印刷株式会社



ISBN978-4-7993-2551-3